O Brasil entre a América
e a Europa

FUNDAÇÃO EDITORA DA UNESP

Presidente do Conselho Curador
Herman Jacobus Cornelis Voorwald

Diretor-Presidente
José Castilho Marques Neto

Editor-Executivo
Jézio Hernani Bomfim Gutierre

Conselho Editorial Acadêmico
Alberto Tsuyoshi Ikeda
Célia Aparecida Ferreira Tolentino
Eda Maria Góes
Elisabeth Criscuolo Urbinati
Ildeberto Muniz de Almeida
Luiz Gonzaga Marchezan
Nilson Ghirardello
Paulo César Corrêa Borges
Sérgio Vicente Motta
Vicente Pleitez

Editores-Assistentes
Anderson Nobara
Henrique Zanardi
Jorge Pereira Filho

Luís Cláudio Villafañe G. Santos

O Brasil entre a América e a Europa

O Império e o interamericanismo
(do Congresso do Panamá à
Conferência de Washington)

Apresentação do Embaixador
Rubens Ricupero

© 2003 Editora UNESP

Direitos de publicação reservados à:
Fundação Editora da Unesp (FEU)
Praça da Sé, 108
01001-900 – São Paulo – SP
Tel.: (0xx11) 3242-7171
Fax: (0xx11) 3242-7172
www.editoraunesp.com.br
www.livrariaunesp.com.br
feu@editora.unesp.br

CIP-Brasil. Catalogação na fonte
Sindicato Nacional dos Editores de Livros, RJ

S236b

Santos, Luís Cláudio Villafañe Gomes

O Brasil entre a América e a Europa: o Império e o interamericanismo (do Congresso do Panamá à Conferência de Washington) / Luís Cláudio Villafañe G. Santos; apresentação do embaixador Rubens Ricupero. – São Paulo: Editora UNESP, 2004.

Inclui bibliografia
ISBN 85-7139-529-2

1. Brasil – Relações exteriores – Estados Unidos. 2. Brasil – Relações exteriores – Europa. 3. Estados Unidos – Relações exteriores – Brasil. 4. Europa – Relações exteriores – Brasil. 5. Brasil – Relações exteriores – Século XIX. I. Título.

04-1103.   CDD 981.04
          CDU 94(81) "1822-1889"

Editora afiliada:

Asociación de Editoriales Universitarias
de América Latina y el Caribe

Associação Brasileira de
Editoras Universitárias

Sumário

Agradecimentos   7

Abreviaturas   9

Apresentação
Rubens Ricupero   11

Introdução   21

1 Nacionalismo e interamericanismo   31
A criação do Estado moderno   32
Legitimidade dinástica e legitimidade nacional   35
Legitimidade dinástica e nacionalismo nas Américas   38
O interamericanismo e os nacionalismos americanos   43
A unidade territorial brasileira   52
As várias Américas   56
Americanos ou estadunidenses?   65

2 O Império e os congressos interamericanos   69
O americanismo brasileiro   70
Os congressos interamericanos do século XIX   74

5

Luís Cláudio Villafañe G. Santos

O Congresso do Panamá   78
O Primeiro Congresso de Lima   86
Os Congressos de Santiago e de Washington   91
O Segundo Congresso de Lima   94
O Brasil e os congressos interamericanos até 1880   100

3 O Brasil e a Conferência de Washington   109
Ambiguidade e resistência: o Império decide
por sua participação   112
As instruções da diplomacia imperial   115
O fim do Império e a reformulação das
posições brasileiras   125

Conclusão
Dos congressos do século XIX à Alca   131

Fontes e bibliografia   149

Agradecimentos

A historiografia tradicional sobre a política externa brasileira no século XIX centra-se, não sem razão, nas relações com as potências europeias e os Estados Unidos, e nas questões do Prata. Em termos temáticos, há conhecidos e autorizados estudos sobre limites, comércio internacional e tráfico de escravos, e em menor medida sobre as questões da navegação dos rios internacionais. De fato, são essas as principais vertentes da ação internacional do Império, o que não exclui a necessidade do exame das relações com outras regiões e das posições sobre outros temas. Em termos regionais, desenvolvi em outro trabalho (Santos, 2002) um estudo pioneiro sobre as relações do Império e o subsistema de países da costa do Pacífico sul-americano, lacuna que, no meu entender, havia urgência em atender. Em termos temáticos, apresento este trabalho sobre as posições e políticas do Império em relação às iniciativas interamericanas, um assunto que só encontra tratamento de forma dispersa e lateral na historiografia brasileira.

O tema ganha atualidade com as discussões sobre a eventual constituição de uma Área de Livre Comércio das Américas (Alca), tema hoje diariamente presente na mídia, que teve como primeiro antecedente, há mais de cem anos, o último dos encontros que aqui analiso. A grande visibilidade dessa discussão sobre o livre-comércio no continente é absolutamente justificada e ressalta a necessidade do resgate às origens históricas desse processo, uma tarefa oportuna e relevante.

Na elaboração de minhas pesquisas, tenho contado com o apoio e o incentivo de muitas pessoas e instituições. Sempre sob o risco de omissões, não posso me furtar a mencionar algumas delas. Meus agradecimentos iniciais vão para os professores doutores Albene Mirian Ferreira Menezes, Paulo Roberto de Almeida e Carmen Lícia Pallazo, que discutiram comigo esse manuscrito e contribuíram com importantes ideias e sugestões. Agradeço, ainda, a leitura atenta e os comentários amigos e construtivos dos professores doutores Lígia Maria Coelho Prado, José Carlos Brandi Aleixo e Alcides Costa Vaz.

Ademais do Arquivo Histórico do Itamaraty e do Instituto Histórico e Geográfico Brasileiro, no Rio de Janeiro, realizei pesquisas na biblioteca do próprio Itamaraty, em Brasília, além das bibliotecas do Congresso e da Organização dos Estados Americanos, em Washington. Em todos esses lugares, encontrei funcionários atenciosos e dedicados que merecem todo meu apreço e respeito. Uma menção especial é devida, no entanto, à Columbus Memorial Library, da OEA, e à bibliotecária Stella Villagrán, que permitiram a publicação das fotografias que ilustram o livro.

Mais uma vez, Lídia Cristina e Luiz Cláudio Duarte contribuíram com a leitura e a revisão atenta do texto, e para eles também gostaria de dirigir meus agradecimentos e carinho.

Finalmente, meus agradecimentos a Daniella que, além de minha companheira na difícil, mas gratificante, missão de criar os nossos filhos, contribuiu com suas reflexões e leitura atenta das sucessivas versões deste trabalho. São dela muitas das ideias aqui expostas e que já não saberia separar das minhas próprias.

As interpretações aqui desenvolvidas são, no entanto, de minha única responsabilidade e não refletem necessariamente a posição de nenhuma das pessoas citadas ou das instituições a que eu esteja vinculado.

Abreviaturas

AHI/RJ   Arquivo Histórico do Itamaraty, Rio de Janeiro
APDPR   Arquivo Particular de Duarte da Ponte Ribeiro
LB   Legação do Brasil (republicano)
LIB   Legação Imperial do Brasil
RRNE   Relatório Anual da Repartição de Negócios Estrangeiros à Assembleia Geral Legislativa

Apresentação

Não sei se é simples coincidência ou fruto de esforço deliberado e sistemático, mas o segundo estudo de história diplomática brasileira de Luís Cláudio Villafañe G. Santos a aparecer em forma de livro confirma a vocação do primeiro, para explorar melhor áreas do nosso passado internacional que dormiram longas décadas sob o silêncio e o desinteresse de quase todos. Em 2002, publicava o autor o que ele adequadamente descreveu como "um estudo pioneiro sobre as relações do Império e o subsistema de países da costa do Pacífico sul-americano", acrescentando tratar-se de "lacuna que ... havia urgência em atender".

Assim era de fato, e a obra *O Império e as repúblicas do Pacífico*: as relações do Brasil com Chile, Bolívia, Equador e Colômbia – 1822-1889 cumpriu plenamente o objetivo de cobrir tal lacuna, convertendo-se na mais recente e atualizada síntese desse complexo de relações com países destinados a desempenhar papel de crescente importância na esfera de preocupações internacionais do Brasil. O período escolhido para exame é, de certo modo, o mais difícil, em razão da tênue densidade de um relacionamento que era, então, quase virtual, conforme observava o Barão do Rio Branco:

Olhando para o mapa, somos vizinhos de muitos países, mas vizinhos à moda da América, como dizia o Conde de Aranda no século XVIII, separados estes povos, uns dos outros, por desertos imensos. Só via Europa ou Estados Unidos nos comunicamos com alguns dos vizinhos.

Em pelo menos um aspecto, a análise da diplomacia brasileira no Pacífico constitui preparação natural ao presente livro dedicado à gênese remota do interamericanismo: é que algumas das principais raízes originais desse movimento brotaram justamente nos países andinos. É o sonho de Bolívar, da união dos povos americanos, desdobramento lógico da conquista da independência, que, desde o início, irá contrapor-se à Doutrina Monroe como os dois polos diversos, distantes, às vezes complementares, às vezes opostos, das iniciativas hemisféricas. A série de reuniões americanas estudadas na obra tem seu ponto de partida, aliás, na primeira delas, o Congresso do Panamá, convocado em 1826 pelo Libertador e que, apesar da pobreza dos resultados concretos, tornou-se, na retórica da integração, uma espécie de mito-fundador da legenda americanista. A partir daquele longínquo encontro, a maioria dos demais que se sucederam ao longo do século XIX, nessa fase tentativa e preparatória do movimento, nasceu de propostas das nações do Pacífico, em torno de problemas quase sempre específicos dessa região. Refletindo esse interesse original, a sede dessas reuniões variou entre Lima (duas vezes) e Santiago.

A característica majoritariamente andina dos primórdios do interamericanismo explica que a história da etapa preliminar, poder-se-ia dizer até prematura (no sentido próprio do termo), da evolução do conceito apresenta para o historiador traços diplomáticos parecidos com os que marcam o relacionamento brasileiro com esses países na mesma época. Em ambos os casos, as fontes documentais são relativamente pouco numerosas, a iniciativa de atrair atenção para cada desdobramento partiu quase invariavelmente dos representantes brasileiros nas capitais andinas, ao passo que o interesse do governo imperial no Rio de Janeiro não se sustentou, em geral, mais que por um tempo limitado. Por esses motivos, a impressão que nos fica dos acontecimentos, propostas ou reuniões componentes desses capítulos da história das relações internacionais do Brasil é a de uma sucessão de esboços inacabados, de movimentos truncados, de ideias que jamais conseguiram sair do estágio de rascunho e não lograram frutificar em algo de permanente.

Nesse sentido, impressiona a frequência com que não se dá seguimento ao iniciado ou prometido. Por exemplo, mais de uma vez, o Brasil prontifica-se a enviar representante para uma reunião, conforme foi o caso do próprio Congresso do Panamá, sem que a intenção venha, de fato, a realizar-se. Percebe-se que, na raiz do interamericanismo da fase quase pré-histórica, existe nitidamente um predomínio do voluntarismo diplomático, atitude alimentada por veleidades ou desígnios da vontade política, mas insuficientemente amparados por condições de possibilidade que só o tempo traria: maior densidade de interesses concretos, avanços no conhecimento recíproco, nas comunicações e nos transportes, vínculos de interdependência comercial e econômica que ultrapassem a imediata superfície de contato das fronteiras.

Luís Cláudio capta com muita acuidade esse sentido geral da evolução do assunto ao afirmar, como ideia central do seu estudo, a continuidade que distinguiu, sem desvios ou exceções, a política do governo imperial em relação aos distintos episódios do americanismo. Não obstante a diversidade das origens das várias iniciativas, as diferenças de natureza, ora enfatizando aspectos políticos de defesa ora voltando a atenção para a harmonização jurídica ou a integração do comércio, a reação imperial foi, em todos os casos, de prudente resistência, escasso entusiasmo, acompanhado do calculista propósito de não se deixar isolar, caso, contra toda a probabilidade, algumas dessas ideias viessem a vingar.

Há, por trás dessa atitude de saudável ceticismo, boa dose de realismo, sólido bom senso e espírito crítico, como se pode admirar de alguns dos pareceres transcritos no estudo e que chegam a nos despertar inveja de uma época na qual não se hesitava, por medo de ferir suscetibilidades, em rejeitar ideias de pouca consistência. No entanto, subjacente ao ceticismo e à desconfiança, encontrava-se um fundamento muito mais substancial que inspirava as reações do Império: a dificuldade de conciliar, dentro de um mesmo sistema diplomático como o que se desejava edificar, Estados cuja base de legitimidade e princípios de organização divergiam de modo sensível.

Um dos pontos fortes do livro é precisamente o tratamento analítico cuidadoso e competente dedicado ao problema da difícil coexistência entre as repúblicas americanas e a única monarquia das Américas, ao menos no plano doutrinário de então. Todo o Capítulo 1 – "Nacionalismo e interamericanismo" – é devotado ao exame da questão e, dentro do capítulo, adquirem importância particular os subtítulos acerca de "Legitimidade dinástica e legitimidade nacional" e de "Legitimidade dinástica e nacionalismo nas Américas". Luís Cláudio comenta com razão que o leitor de hoje, acostumado à facilidade com que atualmente convivem, dentro da Europa, repúblicas e monarquias constitucionais, terá certa dificuldade em compreender por que o problema fosse central naqueles anos não muito distantes da Revolução Francesa.

Esqueceu-se, em nossos dias, de que, exceto na liberal Grã-Bretanha, as independências americanas foram por longo tempo encaradas como um esbulho. Metternich, alma da reação ao espírito revolucionário, chegou a observar que, de todas as independências, só a do Brasil era, a rigor, legítima, uma vez que Pedro, príncipe de sangue e herdeiro dinástico, era, no fundo, apenas culpado de uma "antecipação da herança". É verdade que o chanceler da Áustria tinha interesse em mostrar-se indulgente com o consorte da imperatriz Maria Leopoldina, filha do imperador a quem servia... Já o czar Alexandre, mais intransigente no reacionarismo e sem interesses pessoais no caso, descrevia Pedro de forma exagerada como rebelde e parricida! Tanto para o grande ministro do Sacro Império quanto para o czar de Todas as Rússias, não havia nenhuma dúvida sobre os outros dirigentes e libertadores das Américas: não passavam de usurpadores.

A mentalidade legitimista, longamente dominante na Europa, por sua vez o único centro de poder que contava no início do século XIX, era expressão da reação então vitoriosa contra a ruptura trazida pela Revolução Francesa de 1789 e continuada pelo Império napoleônico. A Revolução destruiu a homogeneidade do sistema diplomático europeu, tal como tinha existido desde a Paz de Westfália (1648). Em que consistia a homogeneidade do sistema? Ela se desdobrava em dois componentes. O primeiro era o critério da legitimidade dinástica: o poder procedia de Deus e se traduzia no seu exercício pelo herdeiro do trono de acordo com as regras de sucessão de cada dinastia. O segundo componente era dado pelo tipo de organização política (monarquia com mínimas limitações ao poder absoluto), social (os três estados: aristocracia, clero, terceiro estado) e econômica (pré-industrial). Nesse mundo homogêneo, em que todos acreditavam nos mesmos princípios de legitimidade e eram monarquias hierarquizadas e agrárias, a Revolução de 1789 introduziu um critério de legitimidade oposto, a legitimidade apenas do poder proveniente do povo e democraticamente exercido em seu nome, assim como a forma republicana de governo e a abolição dos privilégios da nobreza e do clero. No ano da Independência do Brasil, a Europa, dirigida pelo Diretório surgido após o Congresso de Viena (1815-1816), influenciada pelo espírito da Santa Aliança, continuava a intervir em países onde se feria o princípio da legitimidade do poder dinástico, conforme ocorre, por exemplo, com a intervenção na Espanha. É natural e compreensível, assim, que, no início do período, o peso do fator da legitimidade seja decisivo para explicar as atitudes da Corte Imperial diante das propostas americanistas.

Com o tempo, esse elemento decresce de centralidade, apesar de só desaparecer de todo com a proclamação da República. Atuam, contudo, na mesma direção, outros fatores como os vinculados, de uma forma ou outra, aos litígios pendentes sobre definição de fronteiras, segundo iria transparecer, anos mais tarde, nesta afirmação do Barão do Rio Branco: "contra os Estados Unidos e contra o Brasil há na América espanhola antigas prevenções que só o tempo poderá talvez modificar. Verdadeiramente só as não há contra o Brasil no Chile, no Equador, no México e na América Central". Como se vê, a lista do barão só inclui os não limítrofes. Em texto preparatório da organização do III Congresso Internacional Americano, a realizar-se no Rio de Janeiro em 1905, fora, portanto, do período coberto no presente estudo, Rio Branco volta à carga, de novo por inspiração dos problemas de fronteira:

> Perante árbitros hispano-americanos estaríamos sempre mal, o Brasil, o Chile, os Estados Unidos. Temos questões territoriais pendentes com o Peru e a Colômbia, e também questões de navegação fluvial... Sempre sustentamos a nulidade do Tratado preliminar, ou provisório, de limites de 1777. Todos os nossos vizinhos, como agora a Colômbia e o Peru, opinaram pela sua validade. Não poderiam, portanto, ser juízes aceitos pelo Brasil.

De todos os episódios que balizaram a evolução do conceito de interamericanismo num arco de pouco mais de sessenta anos no século XIX, os dois que apresentam maior interesse se situam um no princípio o outro no fechamento da era. O primeiro foi a proclamação da Doutrina Monroe, em 1823, e o último, a realização do Congresso de Washington, 1889-1890. Ambos e sobretudo a reunião de Washington recebem no livro a ênfase que merecem, e o segundo acontecimento fornece mesmo matéria para um capítulo inteiro, o terceiro.

Conforme assinala corretamente o autor, a Doutrina Monroe não pode ser considerada "base sólida para uma política interamericana, pelo seu caráter unilateral e essencialmente não afirmativo". Sua importância deriva principalmente do uso (e abuso) que dela se fez depois, não só por parte dos norte--americanos como de outros países, que a tomaram com frequência como ponto de partida para o tipo de interamericanismo que iria progressivamente tomar corpo no decorrer do século XX. Tanto foi assim que o termo "monroísmo" chegou a ser utilizada, no início, como sinônimo de "panamericanismo" ou "americanismo".

O Brasil também não escapou à tendência. Poucos anos após o termo do período do livro sob exame, em particular a partir da gestão do Barão do Rio Branco como ministro das Relações Exteriores (1902-1912), o país se torna sede do III Congresso Americano e descobre de repente uma vocação americanista que antes brilhava pela ausência. Fabrica-se, desde esses anos, uma espécie de americanismo brasileiro em retrospectiva, com intenção de demonstrar que, longe de inovar, a diplomacia dava continuidade a uma antiga tradição. Isto é, reescreve-se de certo modo a história, a fim de tentar criar a impressão de que o Brasil tivera pelo americanismo um entusiasmo de primeira hora, manipulando-se para tal fim o pioneirismo do país recém--independente, ao singularizar-se como o primeiro a reconhecer a Doutrina Monroe. Passa-se para isso em silêncio a diferença fundamental entre o unilateralismo da doutrina americana original e a interpretação brasileira, que se esforça em tentar dar-lhe cunho multilateral. Posição idêntica é a que inspirara o barão no intuito frustrado, em razão da resistência de outros países latino--americanos, para fazer aprovar formalmente na IV Conferência Panamericana, em Buenos Aires (1909), a Doutrina Monroe, incorporando-a ao patrimônio coletivo do Direito Interamericano e imprimindo-lhe caráter multilateral, o que, ao menos em tese, permitiria aos demais países ter alguma voz em sua utilização.

Luís Cláudio Villafañe G. Santos

O capítulo sobre o Congresso de Washington de 1889--1890 provavelmente será o destinado a interessar mais de perto o leitor contemporâneo, graças à maneira convincente e articulada com que Luís Cláudio revela as inúmeras analogias entre o projeto da Alca de nossos dias e a tentativa de Cleveland e de seu Secretário de Estado, James Blaine, de, já naquele remoto final do século XIX, tentar criar uma união aduaneira "do Alasca à Patagônia". A natureza prematura e fortemente desigual da proposta é examinada com clareza e segurança, indicando-se os inúmeros fatores que condenaram ao insucesso essa ideia predecessora da atual zona de livre-comércio. O estudo descreve as dificuldades e variações da posição da delegação brasileira, que é surpreendida pela proclamação da República em meio ao Congresso, no qual o papel de liderança na resistência a Washington será claramente desempenhado pela República Argentina. O país platino atravessa, naquele momento, sua idade de ouro de estabilidade política e prosperidade econômica, em contraste com o Brasil instável, agitado, problemático, dos primeiros anos republicanos. A riqueza argentina vinha quase exclusivamente do comércio europeu e dos investimentos ingleses. Concorrentes dos Estados Unidos na produção agropecuária de clima temperado, os argentinos não tinham o mínimo interesse numa união aduaneira com os ianques. Essa postura foi desenvolvida e apresentada com brilho invulgar pelos dois principais delegados de Buenos Aires, ambos destinados mais tarde à presidência da nação, Roque Saénz-Peña e Manuel Quintana. Em comparação, a atuação brasileira, em que pesem os escritos de Salvador de Mendonça em contrário, foi de extrema modéstia, não deixando quase vestígios nas atas do Congresso. Nos dias que correm, em contraste, assistimos a um *changez de place* nessa contradança, o Brasil assumindo clara posição de resistência à proposta que, por momentos, contou com o beneplácito argentino, sob o governo Meném.

18

Sai-se da leitura desta obra com visão muito mais nítida dos contornos da etapa nebulosa inicial do interamericanismo.

Acima de tudo, compreende-se perfeitamente por que não poderia ter sido outra a política imperial em relação ao nascente movimento, após acompanhar a argumentação teórica lúcida e rigorosa com que o historiador e diplomata Luís Cláudio Villafañe G. Santos revela as razões básicas de legitimidade e identidade que justificavam os julgamentos da diplomacia brasileira daqueles tempos. O primeiro elemento do título da obra é "O Brasil entre a América e a Europa". A fim de comprovar como, de fato, era esse o dilema que preocupava os estadistas e diplomatas diante do desafio do interamericanismo, nada melhor para concluir esta apresentação do que as palavras da dedicatória na qual Manuel de Oliveira Lima, ao referir-se ao discurso de Rio Branco na abertura da Conferência Americana do Rio de Janeiro, como que sintetiza a essência da posição brasileira:

> Ao Sr. Barão do Rio Branco, que no seu discurso de abertura ... indicou a esta reunião continental a verdadeira orientação que lhe cumpria seguir, e serenamente obstou a enfeudação do Brasil, país com aspirações e tradições próprias, ao sistema norte-americano; a um tempo, prestando à Europa o tributo filial que lhe devem os herdeiros e continuadores de sua cultura, e reafirmando para com os Estados Unidos a estima cordial que ao Brasil merecem todas as outras nações do Novo Mundo.

Rubens Ricupero

Introdução

Aborda-se aqui a política do Império brasileiro ante os sucessivos encontros interamericanos realizados no século XIX. No decorrer daquele século, como resultado de iniciativas que obedeciam a causas imediatas sempre distintas, foram realizados vários congressos interamericanos: Panamá (1826), Lima (1847--1848), Santiago (1856), Washington (1856), Lima (1864-1865) e Washington (1889-1890). O Brasil somente participaria do último desses encontros, a Primeira Conferência Internacional Americana, convocada pelos Estados Unidos já sob a bandeira do pan-americanismo.

O estudo da documentação da chancelaria brasileira e das fontes secundárias relevantes revelou uma política consistente no sentido da desconfiança e rejeição dessas iniciativas por parte do Império, coerência que se contrasta com as grandes variações, ao longo das quase sete décadas do Império, sofridas nas políticas e atitudes ante outros temas de importância da agenda internacional brasileira no século XIX: comércio, limites, navegação dos rios internacionais e tráfico de escravos. Em todos esses casos, só seria alcançada uma posição consistente na segunda metade do século. Contudo, a política com relação aos congressos interamericanos manteve-se praticamente inalterada desde 1826, por ocasião da primeira dessas iniciativas: resistência e desconfiança de que seus objetivos pudessem incluir uma frente comum contra os interesses brasileiros, contrabalançadas pelo receio de ver-se excluído caso essas iniciativas alcançassem maior sucesso.

De fato, a política externa do Império só iria se consolidar a partir de 1850, quando as posições nos principais temas da agenda brasileira passaram a ser definidas por políticas coerentes. Tome-se, por exemplo, o caso da adoção do *uti possidetis* como norma para as discussões de limites entre o Brasil e as antigas colônias espanholas. Muitas vezes, traça-se uma linha de continuidade inexistente (mas, frequentemente, aceita sem reflexão) na adoção dessa doutrina desde as discussões sobre o Tratado de Madri, capitaneadas por Alexandre de Gusmão, ainda em meados do século XVIII, o que não corresponde aos fatos. Conforme o discutido e documentado por vários autores (Santos, 2002, p.65-8; 1994; Souza, 1952, p.75-89; Goes Filho, 1999, p.205-10; Magnoli, 1997, p.251-2), a aceitação do princípio do *uti possidetis* como norteador da política brasileira de limites só se deu, na verdade, a partir de 1849. Até então, não havia consenso entre os formuladores e negociadores brasileiros, tendo existido casos de tratados assinados com base no princípio do *uti possidetis* (como o de 1841 com o Peru)[1] que tiveram sua sanção negada, e casos em que o negociador brasileiro adotou como base o Tratado de Santo Ildefonso (que reformou o Tratado

---

1 Duarte da Ponte Ribeiro assinou com o chanceler peruano, Manuel Ferreyos, em 8 de julho de 1841, dois tratados, um de "Paz, Amizade, Comércio e Navegação" e outro de "Limites e Extradição" com base em dois princípios que, depois, se tornariam doutrina na política imperial: o *uti possidetis* e a abertura da navegação amazônica por meio de tratado bilateral. Nenhum dos dois tratados, no entanto, obteve ratificação do governo imperial. Ver Santos, (2002, p.50-8).

de Madri), como no convênio de 1844 firmado para regular a fronteira com o Paraguai, depois também rejeitado. Foi somente durante a segunda gestão de Paulino José Soares de Souza (que depois seria feito visconde do Uruguai) ante a Secretaria de Negócios Estrangeiros que se estabeleceu um consenso sobre esse ponto fundamental da agenda internacional do Estado brasileiro.

Se comparada com a agenda internacional do Brasil atual, o rol de temas abarcados pela diplomacia imperial era relativamente reduzido, centrando-se, além do já mencionado tema da definição de limites, nas questões relativas à regulação do comércio internacional, à definição de regras para a navegação dos rios internacionais e ao tráfico de escravos, entre outros. Mas nem mesmo para esse relativamente pequeno leque de problemas a diplomacia brasileira contou com posições firmes e consistentes ao longo do período imperial.

A política comercial foi objeto de fortes contestações internas que resultaram na abolição do criticado sistema de tratados, legado das negociações pelo reconhecimento da independência.[2] A contradição interna da posição brasileira sobre a questão da navegação dos rios internacionais – liberal no que tangia à Bacia Platina em vista da necessidade de comunicação com as províncias interiores e restritiva com relação à navegação na Bacia Amazônica – só se resolveu em 1866 com a política de permitir a navegação apenas com base em tratados bilaterais com os países ribeirinhos.

A questão do tráfico de escravos é outro exemplo de política que sofreu modificações radicais no curso do século XIX: da resistência (às vezes velada, outras vezes aberta) à capitulação.

Note-se que, em todos esses casos, estamos nos referindo a questões essenciais para o jovem Estado brasileiro: limites,

---

2 Essa questão é elucidada em Cervo (1981).

Luís Cláudio Villafañe G. Santos

navegação, comércio e importação da mão de obra básica da economia escravista. Nesse contexto, chama a atenção a quase invariabilidade da posição do Império brasileiro ante as iniciativas interamericanas.

A explicação oferecida para a excepcional firmeza e consistência da política americanista do Império está na natureza da legitimação do Estado brasileiro em contraste com seus vizinhos americanos. A adoção da monarquia condicionava decisivamente a política externa do Estado brasileiro para temer e repudiar as iniciativas interamericanas. O nacionalismo passou a condição de princípio legitimador do Estado (dando origem à fórmula desde então hegemônica do Estado-nação) apenas no decorrer do século XIX. Ao manter o princípio dinástico como fonte de legitimação de seu Estado, o Brasil se diferenciava decisivamente de seus vizinhos americanos, que passariam a representar para o Império o "outro" irreconciliável. A construção da identidade das repúblicas americanas se fazia em grande parte a partir da ideia de ruptura com o Antigo Regime e, metaforicamente, com a Europa. Essa noção de ruptura entre o Novo e o Velho Mundo, entre América e Europa impregnava as iniciativas interamericanas, tornando muito difícil ao Império associar-se a elas sem pôr em risco as bases de sua própria legitimidade.

Nesse contexto, o Império adotaria desde o início uma postura de resistência às iniciativas interamericanas. Pode-se identificar uma doutrina brasileira ante essas iniciativas desde o Primeiro Reinado. As discussões sobre o envio de representantes ao Congresso do Panamá indicaram, desde o princípio, a atitude que prevaleceu quase inalterada até o fim do Império: resistência à ideia interamericana e às suas propostas concretas, mas com a reserva de buscar não se ver excluído no caso de essas iniciativas prosperarem, explicada pelo receio de ver formada uma aliança antibrasileira.

O conflituoso processo das independências políticas na América espanhola e portuguesa foi o pano de fundo para o esboço inicial do ideal interamericano. A afirmação política das elites *criollas* pôde, com isso, dispor de um elemento ideológico adicional no esforço de construção de uma identidade distinta da vivida no contexto colonial e pré-nacional. A ideia ampla de América pressupunha uma diferença entre esse Novo Mundo e as suas antigas metrópoles, distinção essa que tinha por base uma noção de ruptura do republicanismo americano *vis-à-vis* a Europa dos soberanos. A singularidade brasileira começaria a manifestar-se nesse momento, com a construção de uma identidade que, de certo modo, reafirmava as relações (internas) de poder da era colonial. Ao contrário do que houve em seus vizinhos, no Brasil, pela continuidade da monarquia, a independência não se traduziu em ruptura nos laços com a ordem ideológica e social do período colonial, sua substituição pelas ideias de soberania popular e nacionalidade e na reformulação, pelo menos parcial, das relações sociais herdadas da colônia como no resto do continente.

Isolado nas Américas como único defensor do princípio monárquico, salvo pelas fugazes experiências no México e Haiti, o Estado brasileiro tinha dificuldades para situar-se ao lado de seus vizinhos na construção e instrumentalização de um discurso legitimador com base na ideia de uma ruptura entre o Antigo Regime e a nova ordem, entre o Novo Mundo e o Velho Mundo, em síntese, entre a América e a Europa. Entre esses dois continentes, em um desafio à geografia, o Império inventava-se como um bastião da civilização ("europeia" naturalmente) cercado de repúblicas anárquicas. Um império distante e tropical, mas fundamentalmente civilizado, e, portanto, "europeu".

A construção ideológica da contraposição América/Europa, iniciada nas "anárquicas" repúblicas hispano-americanas, rapidamente acabaria por ganhar também o apoio estadunidense. As treze colônias de extração anglo-saxã logo perceberam as vantagens de estender essa dicotomia ao sul do continente, incluindo em sua própria ideia de América as ex-colônias latinas.

Ao americanismo de Bolívar, móvel do Congresso do Panamá, logo contrapôs-se o americanismo monroísta. Este foi concebido, de modo quase explícito, como uma doutrina de política externa dos Estados Unidos destinada a dar sustentação ideológica a seu expansionismo ou, pelo menos, como prevenção para eventuais interferências europeias no que considerava sua área de influência.

A origem lusitana e o caráter peculiar de seu sistema político – espelhado por sua condição de única monarquia americana, exceto (brevemente) pelas monarquias mexicanas e haitiana – teriam induzido, nesse quadro, as elites brasileiras a manifestar, desde o início, uma persistente resistência ao interamericanismo. Ao longo do século XIX, com a consolidação da projeção internacional dos Estados Unidos, o interamericanismo foi ganhando uma expressão política cada vez mais ajustada ao projeto monroísta, afastando-se de sua vertente inicial, bolivariana. Ademais de confirmar o alcance continental do projeto, a retomada da liderança americana no fim do século passou a dar ao interamericanismo um caráter também econômico, quase ausente até então. Essa evolução teve sua confirmação mais espetacular com a realização da Conferência de Washington, que propunha (antecipando em mais de um século a discussão hoje corrente sobre a proposta de uma Área Livre Comércio das Américas – Alca) nada menos do que a construção de um *Zollverein* de dimensões continentais.

Vale ressaltar que, do mesmo modo que as ideias interamericanas não se restringiram às propostas de Bolívar e Monroe,[3] suas iniciativas concretas, geralmente traduzidas na convocação de reuniões, obedeceram a causas imediatas específicas

---

3 Fugiria ao escopo desta análise estudar todas as vertentes das ideias interamericanas. Assim, apenas suas manifestações mais concretas, que resultaram nas convocações dos congressos interamericanos e provocaram discussões e reações objetivas da diplomacia imperial, serão analisadas.

como a busca mexicana de apoio das demais repúblicas hispano-americanas contra o expansionismo estadunidense que acabaria por resultar no congresso interamericano de 1847-1848 ou na reação dos países da costa sul-americana do Pacífico ao ataque da frota espanhola aos portos Valparaíso (Chile) e de Callao (Peru), que criou as condições para a convocação do Congresso de 1864-1865.

A relativa continuidade da política brasileira ante essas iniciativas, de inspiração e causas imediatas distintas, ao longo de um período em que se assistiu a fortes alterações nas políticas quanto a outros temas de fundamental importância na agenda internacional brasileira, torna premente a busca de uma hipótese explicativa que dê conta dessa excepcional singularidade. Na raiz da continuidade dessa política de resistência às ideias e propostas interamericanas está a condição singular do regime político brasileiro: o único regime monárquico em uma América republicana.

A natureza do sistema político acarretou consequências importantes nas políticas e no comportamento internacional do Estado brasileiro. Pelas características de seu regime político, a monarquia brasileira encontrava dificuldades para apoiar iniciativas de âmbito americano, que buscassem a integração política ou econômica com seus vizinhos. À primeira vista, essa hipótese pareceria refutável pelos movimentos de integração contemporâneos, que, como no caso da União Europeia, se desenvolvem sem que essa dicotomia monarquias/repúblicas seja, nem ao menos, um tema de discussão. Mas, como se verá, no contexto do século XIX, essa questão assumia contornos totalmente diferentes.

A relativa irrelevância das diferenças entre regimes puramente republicanos e monarquias parlamentares nos dias de hoje não deve servir como parâmetro para aferir a importância dessa discussão no século XIX, momento que justamente marcou a universalização do Estado-nação como modelo de orga-

Luís Cláudio Villafañe G. Santos

nização política a ser emulado. As monarquias parlamentares de hoje também contam com a ideia de nação como fonte de legitimidade de seus Estados e (surpreendentemente do ponto de vista de um hipotético observador dos séculos XVIII ou XIX) também das próprias monarquias. Essa não era a situação até, pelo menos, meados do século XIX, quando a legitimidade dinástico-religiosa era ainda a maior fonte de lealdade aos Estados europeus. Somente após 1848, com a chamada "Primavera dos Povos", esse quadro alterou-se irreversivelmente, com a hegemonia indisputável do modelo de Estados-nação a partir daí.

O Estado brasileiro, dinástico e cercado de repúblicas, encontrava imensas dificuldades para associar-se a iniciativas que, se bem-sucedidas, estariam contribuindo para solapar as bases de sua própria legitimidade e, também, para borrar os contornos de sua própria identidade. O Império via-se civilizado e europeu, e assim de uma natureza distinta daquela de seus anárquicos vizinhos. Integrar-se a eles seria pôr em risco a própria essência de sua identidade. Se a ideia de civilização propagada pelas elites brasileiras era, estranhamente,[4] compatível com a escravidão e a exclusão da maioria da população do corpo político da nação, a adoção do nacionalismo e da cidadania como fonte de legitimidade do Estado era potencialmente explosiva em uma sociedade fracamente integrada regionalmente e com uma população composta em grande parte por escravos.

Se a opção pela continuidade da legitimação do Estado brasileiro em bases dinásticas foi uma possibilidade decorrente da presença da corte portuguesa no Rio de Janeiro, essa não era, naturalmente, a única opção, e tentativas secessionistas e republicanas não faltaram. Vale notar, no entanto, que a opção pela

---

4 Era mais uma "ideia fora do lugar", na feliz definição de Schwarz (1988). Esse autor lembra que: "Ao longo de sua reprodução social, incansavelmente o Brasil põe e repõe ideias europeias, sempre em sentido impróprio" (p.24).

28

O Brasil entre a América e a Europa

monarquia ganhava em atratividade por seu caráter conservador em termos sociais e políticos. Além de manter excluídas do jogo político as classes baixas e a grande massa de escravos, o caráter centralizador do Império, em torno da figura do soberano, contribuía para preservar o delicado equilíbrio regional em um território tão escassamente integrado que era mais bem descrito, à maneira dos ingleses do século XVIII, como "os Brasis". Cabe, finalmente, um esclarecimento sobre o próprio conceito de interamericanismo aqui utilizado. Esse termo não pertence ao século XIX. A ideia de identidade entre as distintas regiões deste vasto continente abrigava-se então sob diversos títulos: americanismo, hemisfério ocidental, pan-americanismo, para citar alguns entre os mais correntes no século estudado. Para representar essa noção de identidade, que cada ator soube desenvolver de acordo com seus interesses e perspectivas, optou-se por adotar um conceito manifestamente estranho ao século XIX. Ainda que possa parecer, à primeira vista, um termo deslocado no tempo, chamar de interamericanas tais iniciativas é plenamente defensável, pois "anacronismo é, por exemplo, atribuir a personagens do passado ideias do presente; julgar com conceitos de hoje eventos de ontem, não o é; por isso a história é constantemente reescrita..." (Goes Filho, 1999, p.7, nota 5). A escolha do termo "interamericano", para referir-se a esse diverso rol de iniciativas com contextos e causas imediatas distintos, tem a vantagem de, ao usar uma denominação igualmente alheia a todos os conceitos utilizados correntemente no século XIX, distanciar-se igualmente das diversas propostas e interpretações da ideia de identidade dos países americanos que animaram as conferências do século XIX. É, pois, em respeito a essas diferenças e peculiaridades que serão discutidas em seus respectivos contextos, que se adotará o termo "interamericano" para nomear esse conjunto vasto e heterogêneo de ideias e propostas.

29

FOTO 1 – J. G. do Amaral Valente, enviado extraordinário e ministro plenipotenciário do Brasil nos Estados Unidos. Primeira Conferência Internacional Americana, Washington, 1899-1890 (Secretariado Geral da Organização dos Estados Americanos). Foto reproduzida com a permissão do Secretariado Geral da Organização dos Estados Americanos.

1
Nacionalismo e interamericanismo

> verdadeira e literalmente a América, como tal,
> não existe, apesar da existência da massa de terras
> não submersas que, no decorrer do tempo, acabará
> por lhe atribuir esse sentido, esse significado.
>
> (Edmundo O'Gorman)

A relação entre o interamericanismo e os diversos nacionalismos americanos pode ser vista de duas maneiras, ao menos parcialmente, conflitantes. Por um lado, o interamericanismo pode ser lido como a tentativa de criação de um vínculo que reuniria todos os povos americanos em uma nação de dimensões continentais e a fragmentação da América em Estados independentes seria um atestado do fracasso desse projeto. Nessa óptica, os diversos nacionalismos americanos seriam a comprovação do fracasso da ideia interamericana. Por outro, o interamericanismo pode, também, ser entendido como um projeto de cooperação e apoio mútuo entre as diversas nações americanas, em especial em face de ameaças extracontinentais, sendo assim um ponto de suporte para cada um dos projetos nacionais particulares.

Na verdade, a ideia interamericana foi, e continua sendo, apropriada e moldada de acordo com as necessidades de seus

Luís Cláudio Villafañe G. Santos

promotores em cada momento histórico específico. Desde as visões de Bolívar e Monroe, a ideia interamericana foi trabalhada de diversos modos e aproveitada em iniciativas que obedeceram a causas imediatas particulares, traduzindo-se em diferentes conceitos de América – a qual ora restringia-se aos países hispânicos (ou parte deles) ora incluía também os Estados Unidos e o Império brasileiro. A essa geometria variável do interamericanismo, deve-se agregar a transformação progressiva de seu conteúdo, recebendo também, ao fim do século XIX, um até então pouco explorado enfoque econômico.

A criação do Estado moderno

O Estado moderno tem as suas origens na superação das instituições medievais europeias, caracterizadas pela extrema fragmentação do poder em instâncias muitas vezes contraditórias e não excludentes. A intricada rede de suseranias emblemática da Idade Média criava lealdades múltiplas, às vezes mesmo conflituosas, entre os atores políticos e sociais. Por sua vez, ainda que localmente subordinadas ao senhor local (e em sucessivas instâncias a senhores regionais), as comunidades medievais europeias nutriam uma concepção de *imperium mundi*, inspirada na experiência da Roma clássica e numa comunidade de valores religiosos: a *Respublica Christiana*. Essas ideias traduziam-se nas instituições do Sacro Império Romano-Germânico e do Papado, cujo alcance era variável, mas encontrava-se sempre presente como referência ideológica.

A Idade Moderna veio destruir essa contradição entre um fundo ideológico, baseado na ideia de unidade e comunhão, e a realidade política, de extrema fragmentação do poder. A centralização administrativa, o protecionismo econômico, o aparecimento de exércitos permanentes e regulares e o cisma religioso contribuíram para a consolidação do Estado moderno, que se traduziu, no plano ideológico, na "ideia de que o Estado teria a capacidade de concentrar em torno de si as aspirações morais dos homens num determinado território" (Lafer, 1982, p.69).

A centralização do poder político e militar em unidades territoriais (superando a situação de fragmentação política) desenvolveu-se em paralelo com a consolidação das ideologias para a sustentação dessa nova situação. Os dois conceitos-chave para a justificação dessa nova entidade política foram as noções de soberania (Bodin e Hobbes) e de razão de Estado (Maquiavel). A soberania do Estado devia ser entendida pelo repúdio a autoridades leigas ou religiosas acima do poder estatal, o qual, nos limites de seu território, só poderia encontrar limitações na habilidade e capacidade de governar do soberano e nos termos do contrato social estabelecido com seus súditos. Já a razão de Estado ia além desse conceito, repudiando até mesmo considerações de ordem moral e ética no exercício da autoridade do Estado, o qual só deve obedecer, em última análise, aos requisitos de sua própria consolidação e sustentação.[1]

Nesse sentido, foi desenvolvido um esforço para destruir, no plano das ideias e da prática, os *collegia* medievais existentes abaixo do nível do Estado e as autoridades universais existentes acima do Estado. Essa nova concepção social redundou no embrião do sistema internacional tal como o concebemos hoje. Um marco importante desse processo, na Europa, foi a Paz de Westfália (1648), que representou a consolidação de uma ordem europeia constituída exclusivamente por Estados sobera-

---

1 Essa noção é claramente proposta em Maquiavel (1976, p.103): "Deve-se compreender que um príncipe, e em particular um príncipe novo, não pode praticar todas aquelas coisas pelas quais os homens são considerados bons, uma vez que, frequentemente, é obrigado, para manter o Estado, a agir contra a fé, contra a caridade, contra a humanidade, contra a religião. Porém, é preciso que ele tenha um espírito disposto a voltar-se segundo os ventos da sorte e as variações dos fatos o determinem e ... não apartar-se do bem, podendo, mas saber entrar no mal, se necessário".

nos. Essas novas unidades tinham como característica a liberdade absoluta para governar um determinado território, reservando-se o direito de regular as suas relações externas por meio de tratados voluntários. Essa nova situação é assim resumida por Lafer (1982, p.70):

> Do novo sistema, caracterizado pela coexistência de uma multiplicidade de Estados soberanos, cuja segurança individual resultaria ou de sua capacidade de autodefesa ou de alianças específicas com outros Estados, deriva a teoria tradicional de soberania. Esta foi construída tendo como princípio, de um lado, a concepção de poder originário, que não resulta de nenhum outro, do qual teria obtido seu título; e de outro, a concepção de um poder supremo, que não teria outro poder igual ou concorrente. A teoria tradicional de soberania, portanto, significa o caráter supremo do poder estatal, que se traduz externamente pela ausência de subordinação a qualquer autoridade estrangeira, a não ser pela via do consentimento, expresso em tratado, e internamente pela preponderância do Estado sobre o poderio de quaisquer grupos ou indivíduos, dentro do âmbito de seu território.

A criação do Estado moderno trouxe transformações importantes na ordem política europeia, mas é importante lembrar que o passo seguinte, da transformação do Estado em Estado-nação, ainda tardou alguns séculos. A dissolução progressiva da intricada rede de lealdades políticas cruzadas característica da Idade Média (a qual tinha a legitimidade dinástico-religiosa como referencial último) foi um processo lento e complexo. A criação de vínculos de lealdade diretos e verticais entre os súditos e o soberano deu-se, no primeiro momento, pelo reforço da autoridade religiosa ou mesmo "mágica" dos soberanos, os quais, na visão popular, eram dotados até mesmo de poderes taumatúrgicos. A etapa posterior, de criação do sentimento nacional de sentido político, acabou por desestabilizar as bases de legitimação das dinastias. Para sobreviverem, estas tiveram que optar elas mesmas por sua "nacionalização". Com o Iluminismo, a ideia do direito divino dos soberanos foi superada e substituída pela noção de contrato social, pelo qual o poder deve ser exercido em nome do bem comum da comunidade. Esse contrato social teria, ainda que em um passado imemorial e não definido, estabelecido as bases do poder político do soberano, que seria, portanto, derivado não mais do direito divino, mas da vontade coletiva de seus súditos. Com o surgimento dos nacionalismos, esse processo aprofundou-se, e o sentimento de lealdade à nação passou a substituir os laços de suserania típicos do Antigo Regime. Algumas monarquias sobreviveram a esse processo, mas à custa de seu poder político efetivo, transferido para as Assembleias representativas da nação. As monarquias restantes tiveram que se resignar ao papel de símbolos da unidade e da suposta antiguidade das respectivas nacionalidades.

Legitimidade dinástica e legitimidade nacional

O Estado dos séculos XVII e XVIII diferia fundamentalmente do Estado-nação contemporâneo em sua fonte de legitimação interna, pois nele os interesses e as razões do soberano impunham-se à coletividade por direito divino. Ademais da ênfase nas razões de Estado como guia para a ação de soberanos, o Estado moderno conta, como seu principal atributo, com a soberania sobre seu território. Esse conceito é detalhado por Breuilly (1985, p.355) da seguinte forma:

> O Estado moderno é possuidor de soberania sobre um dado território. A soberania reside em uma instituição específica como a monarquia ou o parlamento e é considerada, por sua própria natureza, indivisível. O Estado possui uma elaborada estrutura institucional que delimita, justifica e exerce as prerrogativas ligadas à soberania. A atividade do Estado é devotada à manutenção e ao exercício dessa soberania contra as ameaças externas e

internas. Externamente, o limite da soberania é dado pela soberania dos demais Estados. O mundo político é feito de uma pluralidade de Estados territoriais soberanos. Ele não tem outra ordem além da criada pela busca racional dos próprios interesses que os Estados perseguem em seus contatos uns com os outros. Internamente, a soberania do Estado é limitada – ou, mais precisamente, dividida – pela distinção entre as esferas públicas e privadas. Na esfera pública, o Estado exerce sua soberania diretamente. Na esfera privada, ele se limita a prover regras básicas para os contatos entre indivíduos e grupos, regras que podem, se necessário, ser sancionadas quando quebradas.

Detentor da soberania sobre um determinado território e sobre sua população, o monarca derivava a sua legitimidade do universo religioso e da concepção de reino dinástico. O direito divino dos soberanos foi, no entanto, progressivamente posto em xeque com a difusão das ideias iluministas. Esse processo acelerou-se com a eclosão da Revolução Francesa. As consequências políticas e sociais do movimento revolucionário deflagrado em 1789 são objeto de uma ampla discussão entre historiadores de todas as correntes, os quais fazem dela um dos temas mais estudados da história contemporânea. Entre todas as transformações trazidas pela Revolução, uma teve fundamental importância e consequências na vida do Estado brasileiro recém-emancipado: a contestação da legitimidade dinástica.

Esse processo, no entanto, não foi linear nem isento de dificuldades. Como consequência do abalo causado pela Revolução Francesa e pelo fracasso da aventura bonapartista, uma onda de conservadorismo e desejo de restauração percorreu a Europa. O Congresso de Viena marcou o movimento de retorno ao *status quo ante*. A Áustria e a Rússia, por meio de seus célebres representantes Metternich e Alexandre I, desempenharam papel central nesse processo, do qual participaram ainda a Prússia, a Inglaterra (representada por Wellington) e outros Estados menores. A habilidade do representante da França,

Talleyrand, permitiu que, com base no princípio da legitimidade – o qual restaurava basicamente a divisão política da Europa de 1789 –, aquele país fosse considerado vítima de sua própria revolução e se tornasse parte ativa do Concerto Europeu.

A Santa Aliança (Kossok, 1968), formada pelas grandes potências, conferiu-se o direito de intervenção em territórios soberanos sempre que a ordem, entendida como a ordem monárquica, fosse ameaçada por movimentos revolucionários. Estabelecida para fazer frente às ondas liberais e nacionalistas que se manifestavam a partir de 1820 em diversos pontos da Europa, tal determinação teve implicações, pelo menos no plano ideológico, nos movimentos de independência latino-americanos, que passaram a temer o fantasma de uma (nunca realizada) intervenção da Santa Aliança em apoio a tentativas de recolonização. Também a Doutrina Monroe, lançada pelo presidente dos Estados Unidos em 1823, pode ser entendida como parte de uma reação contra a ameaça de intervencionismo do Concerto Europeu nas Américas.

A postura da Inglaterra na Aliança era peculiar e foi se modificando paulatinamente. Em 1822, o país recusou-se a participar da repressão ao movimento liberal na Espanha, terminando posteriormente por repudiar o princípio geral da intervenção. Já iniciada a Revolução Industrial, os interesses da burguesia inglesa por novos mercados sobrepunham-se aos interesses políticos no plano europeu. Era mais importante o cenário mundial, no qual essa nova potência firmava uma hegemonia absoluta com base em princípios livre-cambistas opostos ao conservadorismo europeu. Por sua vez, a sobrevida das tradições absolutistas e mercantilistas propiciada pelo restauracionismo do Congresso de Viena permitia-lhe acentuar a dianteira que havia assumido no processo de transição capitalista. A Inglaterra, assim, portava-se como observadora dos movimentos de reequilíbrio conservador na Europa, reservando-se, em contrapartida, o domínio dos mares e os mercados livres para seus produtos. Nesse contexto, terminou por opor-se a políticas que ameaçassem a independência das nações da América Central e do Sul, com as quais desenvolvera sólidas relações comerciais, retirando-se finalmente da Aliança.

As bases da legitimação do Estado de forma estritamente dinástica já estavam, no entanto, irremediavelmente corroídas. A partir de 1848, na chamada "Primavera dos Povos", a legitimação dos Estados europeus (mesmo daqueles que permaneceram sob o regime monárquico) passou cada vez mais a emanar da ideia de nação e não do direito divino do soberano. A construção das nações independentes da América Latina, entre elas o Brasil, inclui-se nesse mesmo fenômeno.

Em contraste com as oscilações no processo europeu de consolidação da legitimidade nacional como fonte primária de sustentação ideológica do Estado, nas Américas o exemplo norte-americano transformou, desde cedo, a ideia de soberania popular em paradigma das discussões políticas dos Estados americanos (à exceção do Brasil). Nesse sentido, portanto, o contraste entre a legitimidade dinástica e a legitimidade nacional no século XIX podia ser, metaforicamente, traduzido em um debate entre a Europa e a América.

Legitimidade dinástica e nacionalismo nas Américas

Os países americanos, com exceção do Brasil, construíram seus Estados, desde o início, a partir da ideia de nacionalidade e de soberania popular. O estabelecimento da corte portuguesa no Brasil e o processo de independência política comandado por um príncipe europeu fizeram que o Brasil desfrutasse (ainda que de modo algo caricatural) de um processo de formação de seu Estado-nação mais similar ao padrão europeu: Estado territorial e dinástico, depois Estado-nação. É evidente que, com

O Brasil entre a América e a Europa

a independência política, o Estado brasileiro logo lançou-se à tarefa da construção de uma identidade própria, em nome da qual o Estado passaria a desenvolver suas políticas. Os brasileiros se distinguiriam, no entanto, não por pertencerem a uma nova nação, pois a "nação" que se construiu imediatamente após a independência era restrita aos brancos e proprietários. Os brasileiros de então distinguiam-se pelo fato de serem súditos de um soberano comum, não mais o rei de Portugal, mas o imperador do Brasil. No decorrer do século XIX no Brasil, como ocorreu mesmo nas monarquias europeias que sobreviveram a esse século, a legitimação do Estado transferiu-se paulatinamente da dinastia para a nação.

A política externa do Império brasileiro não podia deixar de refletir a peculiaridade de seu regime político em um momento em que as monarquias começam a ser contestadas em nome da cidadania e das nações. A política de resistir às iniciativas interamericanas surgia como uma decorrência direta da própria natureza do Estado brasileiro. Quando da cristalização da política externa imperial em doutrinas, após a década de 1850, o tema já não teria a relevância crucial dos primeiros momentos de vida independente, mas ainda assim consolidou-se como política seguida até os últimos momentos do Império.

A dissolução do Antigo Regime nas Américas deu-se de modo desigual, iniciando-se com as revoltas que resultaram na independência das Treze Colônias (antes mesmo da Revolução Francesa) e passando pelo súbito desligamento das colônias hispânicas do trono espanhol com as guerras napoleônicas, e pela transmigração da corte portuguesa, no caso brasileiro. As identidades culturais e as lealdades políticas na América colonial foram o resultado de um lento processo de transposição e adaptação do imaginário comum do Antigo Regime europeu às condições americanas. Esse processo ganhou em complexidade na medida em que "havia de unir, em uma mesma comunidade de afiliação, os descendentes dos conquistadores aos des-

Luís Cláudio Villafañe G. Santos

cendentes dos conquistados, assim como os diversos grupos étnicos provenientes da mescla entre europeus, indígenas e africanos" (Guerra, 1997, p.104).

As grandes desigualdades – econômicas, sociais e raciais – das ex-colônias americanas constituíam, assim, forte obstáculo para a construção de um imaginário comum. A construção da ideia nacional sobre esses alicerces era, sem dúvida, uma tarefa difícil e de resultados imprevisíveis. A complexidade desse ambiente de lealdades cruzadas do Antigo Regime, acentuado pela condição colonial, foi assim sumariada por Guerra (1997, p.101):

> A América hispânica prévia à independência é, como todas as sociedades do Antigo Regime europeu, um mosaico de grupos de todo tipo, formais e informais, imbricados e sobrepostos uns aos outros, que mantêm relações complexas com autoridades dinásticas igualmente diversas e emaranhadas. Tem uma estrutura ainda mais complexa do que a dos Estados modernos da mesma época. Aos grupos que existiam nessas sociedades – formais, de caráter territorial (vice-reinados, províncias, cidades, senhorios), pessoais (ordens, corpos de todo tipo) ou informais (redes de parentesco, de clientela ou de interesses) –, agrega-se uma divisão legal dos habitantes das duas "repúblicas" (a dos espanhóis e a dos indígenas) e múltiplas e menos formalizadas baseadas no lugar de nascimento (*criollos* e peninsulares) e/ou mestiçagem (os mestiços têm um estatuto incerto).

Nesse contexto de profunda fragmentação, não se deve minimizar o caráter integrador da identidade proporcionada pela afiliação à Coroa espanhola. É de ressaltar a capacidade dos Estados territoriais dinásticos de combinar em uma mesma unidade política populações bastante heterogêneas. Estes não tinham, como os Estados-nação, o pressuposto da identidade dos seus membros e conseguiam reunir sob o comando político (quando não religioso) do soberano um conjunto de populações e territórios de características díspares. A passagem dessa estrutura política – que dominou o globo por muitos séculos –

para a hegemonia dos Estados-nação foi um grande desafio, vencido ao longo do século XIX.

Também para as ex-colônias ibéricas, os problemas dessa travessia se afiguravam imensos. Nas primeiras décadas do século XIX, os vínculos com as monarquias ibéricas seguiam como um importante fator na construção da identidade dos espanhóis e portugueses, quer nascidos nas colônias quer na corte, pois a noção de vínculos pessoais e coletivos com os respectivos soberanos não era afetada pela situação geográfica, e os reis convertiam-se no centro de uniões de povos distintos. Essa unidade política retirava a sua legitimidade da ideia de unidades religiosa, arraigada no conceito de monarquia católica. Segundo esse referencial, a Divina Providência havia escolhido as monarquias católicas para defender a cristandade (conceito que se fortaleceu nas lutas para expulsão dos mouros da Europa) e para expandir a fé cristã. A lealdade ao soberano confundia-se, desse modo, com o fervor religioso, componente fundamental da visão de mundo prevalecente. Dessa situação decorreram dificuldades que tiveram que ser enfrentadas pelos fundadores dessas novas nações: como conciliar a lealdade à nação, essencialmente secular, com um imaginário fundado na dimensão religiosa das lealdades políticas? Como vincular entre si comunidades e regiões que mantinham laços tênues entre si e cuja unidade estava lastreada nos laços comuns ao soberano europeu? Como ser republicano e independente e, simultaneamente, católico?

A dissolução dos laços com a metrópole exigiu das elites *criollas* um grande esforço, também no plano ideológico, para dar algum sentido de unidade e coerência que pudesse substituir o edifício ideológico construído em torno da ideia de filiação à Coroa espanhola. No caso brasileiro, D. Pedro I dava um sentido de continuidade quase natural a essa ideia. Contudo, no caso das ex-colônias espanholas, o processo de substituição da legitimidade dinástica pela nacional foi certamente mais abrupto. Como ressaltou Guerra (1997, p.109):

A acefalia do poder real obriga os habitantes a assumir poderes que o rei detinha e a debater sobre o fundamento e o sujeito da soberania, sobre a representação e sobre o cidadão, sobre a necessidade de dar uma nova Constituição à monarquia ... A implosão do mundo hispânico nascerá da dificuldade para pensar a monarquia em termos da nação moderna.

Se a América portuguesa contava com um monarca, a América hispânica viu-se forçada a realizar a transição de colônia para nação moderna rompendo totalmente com o imaginário comum desenvolvido durante o período colonial, o qual, bem ou mal, conseguia manter integrado o complexo mosaico de grupos característico do Antigo Regime colonial. A operação ideológica que envolveu o abandono desse imaginário comum foi, sem dúvida, complexa, pois arriscou subverter o delicado equilíbrio entre as elites *criollas* e os grupos subordinados.

As soluções variaram de acordo com as condições locais. Nas treze colônias, econômica e socialmente mais bem integradas, o pacto social deu-se em torno de um arranjo federativo que assegurou ampla autonomia para cada um dos estados constitutivos, criando mecanismos de gestão imediata de problemas fundamentais, ao mesmo tempo que adiava sua solução. Entre esses problemas, destacava-se a questão de como conciliar a escravidão praticada nos Estados do sul com as ideias de nação e de cidadania. Essa definição teve de esperar quase um século de vida independente e só se deu por meio de uma violenta guerra civil. Portanto, o movimento de 1776 não teve, na sua origem, um caráter propriamente nacionalista,[2] mas estritamente autonomista em relação à Coroa inglesa. A hegemonia

---

2 Sobre isso, Hobsbawm (1990, p.31) comenta: "Nos EUA, o discurso anterior [antes de 1830] preferia falar em 'povo', 'união', 'confederação', 'nossa terra comum', 'público', 'bem-estar público' ou 'comunidade', com o fim de evitar as implicações unitárias e centralizantes do termo 'nação' em relação aos direitos dos estados federados".

O Brasil entre a América e a Europa

econômica e política dos estados nortistas (mais avançados economicamente e sem interesse direto na manutenção da escravidão) deu a esse processo o gradual sentido de construção de uma cidadania e de uma nacionalidade comum, o que só se fez plenamente possível quando as populações negras também puderam ser integradas – ainda que retoricamente – nesse projeto.

No Brasil, a transmigração da corte portuguesa e a permanência do príncipe herdeiro no Rio de Janeiro criaram condições favoráveis para a experiência monarquista. Esta foi menos arriscada no que se refere à preservação das relações sociais vigentes, pois potencialmente conservaria as bases do imaginário comum da colônia, apenas transferindo a lealdade e o simbolismo dinástico-religioso do rei de Portugal para o novo monarca, agora brasileiro.

A América hispânica, no entanto, não contou com essas condições. A despeito dos esforços de Bolívar e outros, não foi possível vencer as forças desagregadoras, traduzidas em constantes agitações sociais e políticas, que acabariam por desintegrar a ex-colônia em várias repúblicas.

O interamericanismo e os nacionalismos americanos

A construção das diversas identidades nacionais latino-americanas (a despeito dos esforços integracionistas de Bolívar e outros) deu-se com base em condições essencialmente locais e obedecendo a ritmos desiguais, ditados pelas circunstâncias peculiares de cada caso. Na construção de uma identidade comum, aproveitaram-se em cada caso elementos da cultura espanhola, temperados por símbolos e circunstâncias locais, que deram a cada nacionalismo hispano-americano seu conjunto peculiar de referências. Sobre as condicionantes desse processo, Guerra (1997, p.104-5) observou que:

Nem todas as regiões americanas progrediram no mesmo ritmo e seguiram os mesmos caminhos nessa empresa [de construção de um imaginário comum]. Nos vice-reinados mais antigos, Nova Espanha e Peru, instalados sobre as ruínas dos "impérios" mexica e inca, a elaboração foi precoce e bastante completa, ainda que baseada em fundamentos distintos. A Nova Espanha privilegiou o "zócalo" religioso ao eleger como heróis mais os evangelizadores do que os conquistadores e ao fazer do culto da Virgem de Guadalupe o elemento unificador de todos os componentes da sociedade mexicana. O Peru se inclinou, mais acentuadamente, para a continuidade do "império" inca e para o culto da primeira santa americana, Santa Rosa de Lima. Nas outras regiões, de desenvolvimento mais recente e sem grandes civilizações pré-colombianas, a elaboração da identidade foi mais tardia, mais *criolla* e mais sustentada. Somente no pequeno Chile, amostra longínqua e isolada em luta contra os indígenas araucanos, se deu uma identidade muito forte que exaltava, ao mesmo tempo, as façanhas dos conquistadores e o valor de seus adversários.

À ideia interamericana faltavam bases concretas, fosse na forma de um Estado mais desenvolvido que pudesse liderar um processo de integração, com meios e vontade política para tanto (como foi o caso da Prússia ou do Piemonte na unificação da Alemanha e da Itália, respectivamente); fosse na forma de um movimento de base popular ampla, impossível em sociedades tão marcadas pela desigualdade e particularismos. O fracasso do interamericanismo como meio de evitar a fragmentação do império colonial espanhol na América não seria, no entanto, uma experiência histórica sem paralelos. As experiências do pan-africanismo e do pan-arabismo desempenharam um importante papel como precursores dos nacionalismos nos países africanos e árabes, mas também não atingiram seu ideal de construção de uma nação que incorporasse todos os povos a que faziam referência. Também no caso das duas regiões, esses nacionalismos tiveram de ser inventados em bases precárias sob a influência das interferências externas das potências coloniais ou como reação a elas. Os dois movimentos intelectuais serviram de abrigo para o desenvolvimento dos nacionalismos de cada um dos países árabes e africanos, que muitas vezes tiveram seus territórios definidos pelo colonizador sem levar em conta suas realidades históricas e culturais.

Como ressaltou Anderson (1989, p.57-76),[3] ao contrário do juízo corrente, foram os novos Estados americanos do final do século XVIII e do início do século XIX os primeiros modelos do Estado-nacional contemporâneo e não os europeus, ainda que estes depois viessem a se apresentar como nações de ancestralidades e tradições muito antigas. A mitologia da *France étternelle* (Citron, 1999; Birnbaum, 2001) e os seus similares nos demais países europeus são racionalizações *a posteriori* a serviço da consolidação do sentimento nacional. O momento da construção das nacionalidades europeias foi de 1830 a 1880 (Hobsbawm, 1990, p.35) (tendo 1848 como ponto de inflexão), e elas beneficiaram-se da existência dos modelos americanos:

> o amplo conjunto das novas entidades políticas que brotaram no hemisfério ocidental entre 1776 e 1838, todas as quais se definiram conscientemente como nações e, com a curiosa exceção do Brasil, como repúblicas (não dinásticas). Pois não apenas eram elas historicamente os primeiros Estados desse tipo a surgir no mundo, e por isso forneceram inevitavelmente os primeiros modelos reais de com que deveriam esses Estados "se parecerem", como também o número delas e seu aparecimento simultâneo oferecem terreno fértil para um estudo comparativo. (Anderson, 1989, p.56)

Os nacionalismos europeus, no entanto, diferiram do seu modelo americano por dois fatores que depois passaram a ser

---

3 A questão da precedência das repúblicas americanas como "modelo" dos Estados-nacionais é objeto de controvérsia. Ver, por exemplo, Smith (2001, p. 49-54).

vistos por muitos autores como fundamentais para o desenvolvimento dos nacionalismos em si. Em primeiro lugar, ao contrário da Europa, nas Américas a língua não pôde ser utilizada como elemento diferenciador das nações em gestação, pois, no caso do Brasil, dos Estados Unidos, ou da América hispânica, ela não servia para distinguir entre os novos Estados e suas ex-metrópoles: "Na verdade, é justo que se diga que a língua nunca foi sequer um tema nessas antigas lutas pela libertação nacional" (Anderson, 1989, p.57).

Outra característica posteriormente atribuída por alguns autores aos nacionalismos de modo geral é "uma perspectiva invariavelmente populista e procurando arregimentar as classes inferiores para a vida política" (Nairn apud Anderson, 1989, p.58). Essa suposta característica dos nacionalismos (como todas as outras) comporta inúmeras exceções, sendo apenas de ressaltar o fato de estar unanimemente ausente nos movimentos nacionalistas americanos na virada do século XVIII para o XIX. Ao contrário, "um fator-chave que, de início, estimulou o impulso para a independência em relação a Madri ... era o *medo* de mobilizações políticas da 'classe inferior': a saber, rebeliões de índios ou de escravos negros" (Anderson, 1989, p.58 – grifo no original). Esse também foi o caso brasileiro, e mesmo nos Estados Unidos essa tendência não estava ausente: o complicado sistema eleitoral que até hoje prevalece naquele país, com dispositivos como o colégio eleitoral que permite a vitória de candidatos com menor votação popular (como foi o caso da eleição de George W. Bush), é uma relíquia da atitude de controle político das classes "inferiores".

Nas Américas, foram as elites *criollas* que lideraram e conduziram os processos de emancipação política e de construção de Estados e nacionalidades e sempre de forma conservadora – ainda que para tanto fosse necessário, em algum momento desse processo, dar um passo decisivo antecipado por San Martín em 1821: "no futuro, os aborígines não deverão ser chamados de índios, ou de nativos; eles são filhos e *cidadãos* do Peru e deverão ser conhecidos como peruanos" (apud Anderson, 1989, p.60 – grifo no original).

A crise do sistema colonial e as ideias liberalizantes do Iluminismo são as explicações clássicas, e fatores inegáveis, para esse amplo movimento de emancipação das colônias americanas. O papel desempenhado por essas elites *criollas*, no entanto, pode ser explicado pela discriminação a que elas se viam submetidas em razão de seu lugar de nascimento, uma vez que as funções de comando na sociedade colonial estavam destinadas aos nascidos nas metrópoles.

Ainda que tivesse nascido na primeira semana depois da migração do pai, o acidente do nascimento na América destinava-o à subordinação – ainda que, em termos de língua, religião, origem familiar, ou maneiras, fosse praticamente indistinguível de um espanhol nascido na Espanha. Não havia nada a fazer quanto a isso: ele era *irremediavelmente* um *crioulo*. Contudo, quão irracional deve ter parecido sua rejeição! Não obstante, oculta na irracionalidade estava a lógica: nascido na América, não podia ser um verdadeiro espanhol; *ergo*, nascido na Espanha, o *peninsular* não podia ser um verdadeiro americano. (Anderson, 1989, p.68 – grifo no original)

A legitimação dessa discriminação se fazia, na metrópole, com a confluência de um venerável maquiavelismo com o desenvolvimento de concepções de contaminação biológica e ecológica. Nesse processo, reverteu-se a acepção inicialmente positiva dada ao continente americano e que se traduziu, nos séculos XVI e XVII, na exaltação da exuberância e diversidade da natureza americana e na idealização do indígena. No decorrer da colonização, essa interpretação benevolente foi substituída por seu inverso: a definição da peculiaridade americana por seu suposto caráter de inferioridade e decadência.

A tese antiamericana, que teve seu apogeu no século XVIII, entendia a natureza americana como intrinsecamente inade-

Luís Cláudio Villafañe G. Santos

quada ao processo civilizatório, capaz de deturpar e deformar as virtudes e instituições do homem europeu.[4] "O antigo deslumbramento com a exuberância da floresta e com a fauna brasileira, tão presente nos relatos de viajantes franceses dos séculos XVI e XVII, cedia espaço, no século XVIII, aos comentários críticos de naturalistas como Buffon, que insistiam sobre a debilidade da natureza americana" (Palazzo, 1999, p.83). Não por acaso, a tradução política dessa tese dava sustentação à artificial diferenciação política e social dos funcionários e autoridades peninsulares ante uma crescente massa de *criollos* que em tudo lhes parecia.

A situação de exclusão das elites *criollas*, nas diversas partes do império colonial americano, não foi o suficiente, no entanto, para criar uma identidade comum forte o suficiente para evitar a fragmentação do domínio espanhol em mais de uma dezena de nações. O intuito de superar ou evitar esse processo de fragmentação, no entanto, perpassaria as discussões sobre o interamericanismo até, pelo menos, o segundo Congresso de Lima em 1864-1865.

As novas nações observaram, *grosso modo,* os limites de antigas unidades administrativas coloniais. Mas esse fato em si não basta para explicar esse resultado, pois a possibilidade de se obter, ao menos, uma confederação entre as jovens nações hispano-americanas foi o projeto que guiou as iniciativas interamericanas até quase o fim do século XIX, quando foi substituído pela proposta norte-americana de criação de um *Zollverein* que englobaria as três Américas.

O fato é que essas unidades administrativas caracterizavam-se pela pouca integração econômica entre si, uma vez que estavam todas voltadas para a metrópole, a qual detinha o monopólio do comércio exterior e proibia o comércio intrarregional.

---

4 Sobre a tese antiamericana, ver Silva (1997).

O Brasil entre a América e a Europa

Nesse sentido, "mais do que da fragmentação da América hispânica, haveria então de se falar, no período posterior à independência, na incapacidade de superá-la" (Donghi, 1986, p.185). Anderson (1989), no entanto, trouxe para essa discussão um elemento novo ao dar ênfase ao processo de criação da nacionalidade como construção da *comunidade imaginada*.[5] Para ele, o instrumento fundamental nesse trabalho de invenção dessas novas realidades políticas foi a difusão da imprensa escrita, na forma dos jornais provinciais, os quais, ao reunir seus leitores em torno de um imaginário comum, serviram de base para a construção dessas protonacionalidades:

> Os leitores de jornal da Cidade do México, de Buenos Aires e de Bogotá, ainda que não lessem os jornais uns dos outros, estavam no entanto perfeitamente conscientes de sua existência. Daí a conhecida duplicidade do nacionalismo hispano-americano primitivo, a alternância entre seu extenso âmbito e seu localismo particularista ... por toda a América espanhola, as pessoas pensa-

---

5 Segundo a definição de Anderson (1989, p.14-6 – grifos no original), a nação é "Uma comunidade política imaginada – e imaginada como implicitamente limitada e soberana. Ela é *imaginada* porque nem mesmo os membros das menores nações jamais conhecerão a maioria de seus compatriotas, nem os encontrarão, nem sequer ouvirão falar deles, embora na mente de cada um esteja viva a imagem de sua comunhão ... A nação é imaginada como *limitada*, porque até mesmo a maior delas, que abarca talvez um bilhão de seres humanos, possui fronteiras finitas, ainda que elásticas, para além das quais encontram-se outras nações ... É imaginada como *soberana*, porque o conceito nasceu numa época em que o Iluminismo e a Revolução estavam destruindo a legitimidade do reino dinástico hierárquico, divinamente instituído ... Finalmente, a nação é imaginada como uma *comunidade* porque, sem considerar a desigualdade e exploração que atualmente prevalecem em todas elas, a nação é sempre concebida como companheirismo profundo e horizontal. Em última análise, essa fraternidade é que torna possível, no correr dos últimos dois séculos, que tantos milhões de pessoas, não só matem, mas morram voluntariamente por imaginações tão limitadas".

Luís Cláudio Villafañe G. Santos

vam em si mesmas como "americanas", uma vez que essa expressão denotava precisamente a fatalidade do nascimento extraespanhol que compartilhavam. (Anderson, 1989, p.73-4)

Essa ambiguidade entre o sentimento localista e a ideia mais ampla de América se resolveria em favor da construção de unidades políticas localizadas, na medida em que os interesses objetivos dessas comunidades particulares eram distintos e até mesmo conflitantes entre si. As dificuldades de comunicação e, especialmente, de circulação das notícias tornavam impossível a criação de uma ideia de simultaneidade. Esta, no entender de Anderson (1989, p.74), era indispensável para a construção da comunidade imaginada, do sentimento de nação:

> Os crioulos mexicanos podiam saber, meses mais tarde, de acontecimentos ocorridos em Buenos Aires, mas isso se daria por intermédio dos jornais mexicanos, não dos do Rio da Prata; e tais acontecimentos antes pareceriam "ser semelhantes aos" acontecimentos ocorridos no México, do que "fazer parte deles".

Assim, o desenvolvimento tecnológico dos meios de comunicação de massa, que naquele momento apenas engatinhavam, teria uma relação direta com o tamanho possível das nações que então surgiam. Ao contrário dos impérios unidos pelo princípio dinástico, os nacionalismos precisavam criar um sentimento de comunidade. Nos Estados dinásticos, a dominação dos soberanos fazia-se por meio da longa rede de lealdades cruzadas e, mesmo, conflitantes dos diversos níveis de suserania e dominação, tudo isso amalgamando pelo cimento da devoção religiosa. Com os nacionalismos, tornou-se necessário substituir essa complexa rede de relações sociais por uma ideia de comunidade.

Gestar um sentido de comunidade não era, no entanto, tarefa fácil em um momento em que os meios de comunicação ainda estavam em um estágio por demais primitivo para dar conta do tamanho (inclusive geográfico) do desafio. Anderson

O Brasil entre a América e a Europa

atribui o fracasso do esforço de gerar um nacionalismo de âmbito hispano-americano ao nível geral de desenvolvimento do capitalismo e da tecnologia na virada do século XVIII para o XIX, em relação ao qual, inclusive, a Espanha sofria certo atraso. Em conclusão que extrapola o caso hispano-americano, ele resume: "A época da história mundial em que nasce cada nacionalismo tem, provavelmente, um impacto significativo sobre seu alcance" (ibidem).

Em consonância com esses postulados, Anderson associou a unidade estadunidense ao tamanho reduzido de seu núcleo inicial, as Treze Colônias, que, ademais, contava com um mercado interno consideravelmente mais integrado. A expansão territorial norte-americana se daria *pari passu* com a expansão do poder irradiador da *comunidade imaginada* criada a partir das Treze Colônias:

> Ao norte, os crioulos protestantes de fala inglesa estavam em posição muito mais favorável para concretizar a ideia de "América" e, na verdade, acabaram por ter êxito em apropriar-se do título habitual de "americano". As Treze Colônias originárias compreendiam uma área menor do que a Venezuela e equivalente a um terço do tamanho da Argentina. Estando todas elas juntas geograficamente, os mercados de Boston, Nova York e Filadélfia eram facilmente acessíveis uns aos outros e suas populações ligadas de maneira relativamente firme pela imprensa, tanto quanto pelo comércio. Os "Estados Unidos" puderam multiplicar gradativamente seu número no correr dos 183 anos seguintes, à medida que populações antigas e novas se deslocaram rumo ao oeste a partir do núcleo litorâneo do leste. Contudo, mesmo no caso dos EUA, há elementos de "fracasso" ou retração comparáveis [com a experiência hispano-americana] – a não incorporação do Canadá de fala inglesa, a década de soberania independente do Texas (1835-1846). Se, no século XVIII, tivesse existido uma comunidade de fala inglesa de bom tamanho na Califórnia, não seria provável que tivesse surgido ali um Estado independente, para atuar como uma Argentina em relação ao

Peru das Treze Colônias? Até mesmo nos EUA, os laços afetivos de nacionalismo foram suficientemente elásticos, associados à rápida expansão da fronteira oeste e às contradições geradas entre as economias do norte e do sul, a ponto de precipitar uma guerra de secessão *quase um século depois da Declaração de Independência*; e, hoje, essa guerra nos faz lembrar vivamente as que separaram violentamente a Venezuela e o Equador da Grã-Colômbia, e o Uruguai e o Paraguai, das Províncias Unidas do Rio da Prata. (ibidem, p.74-5 – grifo no original)

A correlação proposta por Anderson entre o nível tecnológico do momento de sua constituição e o alcance, inclusive territorial, dos nacionalismos é, certamente, uma hipótese importante que parece bem ilustrada nos três casos americanos: o contraste entre a fragmentação hispano-americana e a unidade estadunidense, tendo como contraponto o caso brasileiro em que a opção pela monarquia adiou a necessidade de criar um sentido de comunidade – ou pelo menos, colocou-a em outras bases. Naturalmente, essa hipótese deve ser manejada com cuidado. Como o próprio Anderson assinalou, a extensão territorial deve ser entendida em razão das facilidades de comunicação e da integração, inclusive, de mercados.

A unidade territorial brasileira

Aplicando-se a correlação proposta por Anderson ao caso brasileiro, pode-se concluir que a opção pela monarquia favoreceu a manutenção da integridade territorial, pois o princípio dinástico teria permitido a gestão com menos conflitos de unidades maiores e mais heterogêneas, ao dispensar a necessidade da criação de um verdadeiro sentimento de comunidade entre seus habitantes. A questão da manutenção da unidade territorial brasileira é, naturalmente, muito mais complexa e não pode ser explicada apenas a partir de um princípio ou causa. Em todo o

O Brasil entre a América e a Europa

caso, não parece haver dúvidas de que a escolha da monarquia facilitou esse processo.

Com base em sólidos argumentos, a historiografia atual tem se preocupado em explicar essa unidade territorial a partir da construção e consolidação do Estado brasileiro. Ainda que o Estado imperial tenha sido forjado no Estado colonial e com este guardado estreitas ligações, foi apenas a partir do período regencial e do Segundo Reinado que se estruturou propriamente o Estado brasileiro. O debate dá-se em torno das características essenciais deste Estado. Autores que se fundamentam mais marcadamente na teoria weberiana centraram seu enfoque no seu aspecto patrimonial, sob a influência do trabalho pioneiro de Raimundo Faoro, *Os donos do poder*, de 1958. Não apenas Raimundo Faoro, mas outros autores – a exemplo de Fernando Uricochea (1978), em *O minotauro imperial* – definem o Estado imperial como um Estado patrimonial que, por sua vez, seria um prolongamento do patrimonialismo colonial. Esse tipo de análise privilegia o papel da burocracia patrimonial na conservação/ transformação do Estado. Assim, se para Faoro a burocracia patrimonial foi o elemento responsável pela manutenção da estrutura patrimonial, para Uricochea ela foi uma força transformadora que foi capaz de conduzir a evolução do Estado patrimonial para o Estado moderno.

José Murilo de Carvalho (1981), por sua vez, observou que as explicações oferecidas até agora apresentam-se insatisfatórias, sejam as que se centram na questão administrativa sejam as que se referem às diferenças de natureza política (em especial, à transmigração da corte bragantina), sejam ainda aquelas baseadas puramente em fatores econômicos. Propôs, alternativamente, que a manutenção da unidade territorial, sob a forma monárquica, tenha sido, antes, "em boa parte consequência do tipo de elite política existente à época da independência, gerado pela política colonial portuguesa". Para Carvalho (1981, p.21), a principal característica dessa elite era a sua homogeneidade em relação à ideologia e ao treinamento.

Autores com característica mais marxista (como Jacob Gorender (1978), Ciro Flamarion Cardoso (1974) e, mais recentemente, Décio Saes (1985)) analisaram a questão a partir do estudo da transformação do Estado escravista em Estado burguês. Para esses autores, importa ver o papel das classes sociais nessa transformação, ainda que Décio Saes dedique boa parte de seu trabalho ao estudo das relações jurídico-políticas presentes no Estado pós-colonial. Utilizando o conceito de formação social, definiram o Estado como o elemento capaz de reproduzir as relações de produção predominantes em uma determinada formação.[6] O Estado colonial, portanto, é conceitualizado como Estado escravista moderno (para diferenciar do escravismo da Antiguidade clássica). Essa definição persistiu para o Estado imperial, visto que as relações de produção escravistas não foram alteradas pela independência. A transição só se deu no final do Império, com a transformação progressiva das relações de produção escravistas em capitalistas. O Estado burguês que se constituiu em razão dessas últimas teve como condição necessária a revolução política burguesa de 1888/1891, embora certos traços da formação capitalista que veio a predominar já se estivessem delineando desde meados do século.

Uma vez definidos os "tipos" de Estado (escravista ou burguês) que predominaram no Brasil, como característica das formações sociais que se sucederam, Décio Saes (1985) dedicou-se à análise do "caráter" do aparelho do Estado pós-colonial. Para tanto, levantou duas questões essenciais. Primeiro, por que o território colonial brasileiro não se fragmentou, no

---

6 Décio Saes (1985, p.23) retoma o conceito de Estado de Engels em *A origem da família, do Estado e da propriedade privada* e de Lenin em *O Estado e a revolução* e em *Sobre o Estado*, apontando que "o Estado, em todas as sociedades divididas em classes (escravista, feudal ou capitalista), é a própria organização da dominação de classes; ou, dito de outra forma, o conjunto das instituições (mais ou menos diferenciadas, e mais ou menos especializadas) que conservam a dominação de uma classe pela outra".

momento da independência, à semelhança do que ocorreu na América espanhola? Segundo, por que o Estado escravista nacional assumiu tal grau de centralização?

Segundo o autor, a maioria dos estudiosos do período colonial considera a centralização uma característica fundamental do Estado imperial, divergindo, entretanto, na explicação do fenômeno. Para Uricochea (1978) e Ron Seckinger (1984) (retomando um trabalho de Nestor Duarte), a preocupação com a centralização do Estado foi, do ponto de vista político, o único modo de manter unido o território nacional. Para esses autores, a burocracia imperial buscava a unidade nacional e a centralização, enquanto os grandes proprietários de terra orientavam-se pelo separatismo e pela descentralização. Saes (1985) criticou essa explicação como tautológica. Se a burocracia de Estado era executora de uma política centralizadora, isso se devia ao fato de ela ser, precisamente, uma burocracia de Estado. Saes, ao contrário, acredita ser essencial identificar os interesses de classe no processo de independência, pois, em sua visão, não seria possível aceitar a explicação de que a burocracia de Estado, como um "grupo de poder", pudesse ter interesses distintos, ou opostos, aos das classes dominantes.

Junto com Carlos Guilherme Mota e Fernando A. Novais (1979), ele defendeu que as classes dominantes escravistas das diferentes regiões do Brasil estabeleceram uma aliança com a casa real portuguesa. Por meio dessa aliança, aprovaram a forma monárquica de governo, evitando, assim, que as classes populares participassem diretamente do processo de independência e, eventualmente, obtivessem a abolição da escravidão. A manutenção das relações escravistas explica por que, mesmo depois de 1831 (com a ruptura do compromisso entre classes dominantes e a casa real portuguesa), o Estado imperial manteve-se centralizado. As lutas separatistas ou federalistas do Império foram geralmente dirigidas por classes dominantes não escravistas (por exemplo, a Revolução Farroupilha, no Rio Grande

Luís Cláudio Villafañe G. Santos

do Sul, conduzida por pecuaristas) que, no entanto, participavam do bloco no poder junto com as escravistas. Já que estas últimas possuíam hegemonia dentro do bloco de poder, tiveram maior capacidade de preservar seus interesses (Saes, 1985, p.162-79). A tese de que a manutenção da escravidão foi um dos fatores essenciais para a preservação da unidade nacional é esposada pela grande maioria dos historiadores marxistas que trabalham o período.

De todas essas interpretações, pode-se concluir que a questão da unidade territorial da ex-colônia portuguesa na América foi o produto de um grande conjunto de circunstâncias (estruturais e fortuitas): o interesse comum das diversas elites regionais na manutenção do tráfico de escravos e da escravidão em si, a transmigração da corte portuguesa para o Rio de Janeiro, a estrutura do Estado brasileiro, a relativa homogeneidade de formação e treinamento das elites regionais etc. Esse rol de fatores, no entanto, não estaria completo sem menção à circunstância de o jovem Estado brasileiro ter mantido a legitimidade dinástica como princípio norteador das lealdades que lhe deveriam ser dedicadas.

As várias Américas

Se as trajetórias dos diversos Estados que surgiram dos despojos coloniais americanos foram distintas, o próprio conceito de América foi sujeito a múltiplas interpretações. A descoberta de um novo continente, dessa "quarta parte do mundo", subverteu as noções geográficas e teológicas correntes. A ideia de que o *orbis terrarum*, a Ilha da Terra, continha três entidades distintas – Europa, Ásia e África – remontava aos gregos e superava em muito uma mera concepção de distribuição territorial: servia de base para uma visão cosmológica do mundo. O lugar de cada uma dessas três entidades na órbita terrestre foi recapitulado por O'Gorman (1992, p.193-4) da seguinte maneira:

O Brasil entre a América e a Europa

De fato, a Europa, Ásia e África aparecem, nessa antiga concepção, como entidades territoriais, mas dotadas de um sentido que transcende a ordem puramente geográfica e que as individualiza do ponto de vista moral ou histórico. Integram, pois, uma estrutura de natureza qualitativa do cenário cósmico em que se desenvolve a vida humana, não num plano de igualdade, mas sim numa hierarquia que não remete, primariamente, às circunstâncias naturais, mas às diferenças de natureza espiritual. Nessa hierarquia, a Europa ocupa o mais alto degrau, não por razões de riqueza ou abundância, mas porque se considerava a mais perfeita para a vida ou, se quer, para a realização plena dos valores da cultura.

A denominação "Novo Mundo", equiparando a América ao conjunto das outras três "partes" do mundo, foi uma fórmula que encerrava a ideia da América como um terreno aberto à possibilidade de chegar a ser uma outra Europa. Essa acepção extremamente positiva dada, inicialmente, ao continente traduzia-se na exaltação da exuberância e diversidade da natureza e na idealização do indígena. No decorrer da colonização, essa interpretação benevolente foi revertida: a definição da peculiaridade americana passou a ser dada por um suposto caráter de inferioridade e decadência. A tese antiamericana, como vimos, acabaria por despertar uma reação intelectual e política das elites *criollas* que serviu de fermento para os diversos movimentos independentistas.

Como ideia política, portanto, podemos ver o interamericanismo, inicialmente, como uma reação à chamada tese antiamericana. A clivagem entre o Novo e o Velho Mundo, baseada na suposta superioridade da natureza deste último, transformou-se em uma clivagem entre a América e a Europa, só que então sustentada pela diferença entre as instituições políticas predominantes em um e noutro lado do Atlântico. A ideia de América foi reformulada e redirecionada politicamente. Nas suas cartas de 1808, 1809 e 1811, Thomas Jefferson criou o

57

conceito de "hemisfério ocidental". Nessas cartas, Jefferson relatava que a unidade dos povos americanos era devida à similaridade de seus "modos de existência", que os diferenciavam do resto do mundo (isto é, da Europa).

Esse conceito de hemisfério ocidental, até hoje a expressão mais corrente nos Estados Unidos para designar o conjunto das Américas, foi a primeira tradução propriamente política do conceito geográfico. A ideia-chave, que se refletiu em uma dicotomia de sentido político entre a América e a Europa, residia na noção de que os povos do hemisfério ocidental estavam unidos por uma relação especial que os diferenciava do resto do mundo. Whitaker (1954, p.22-3) acrescentou que:

> No primeiro quarto do século XIX, a ideia de hemisfério ocidental encontrou expressão política pela primeira vez pelo desenvolvimento daquilo que então foi denominado sistema americano. Ainda que as definições desse último termo tenham diferenças de detalhes, elas convergem no ponto focal de que de uma maneira ou de outra os povos do hemisfério ocidental estavam unidos por uma relação especial que os diferenciava do resto do mundo. Por razões óbvias, o desenvolvimento dessa ideia só veio a ocorrer quando os processos de independência, já completado pelos Estados Unidos, espalharam-se pela América Latina – isto é, quando uma parte suficientemente grande da América entrou no caminho da nacionalidade para prover uma base para um sistema americano de proporções aproximadamente hemisféricas.

A criação de uma ideia de identidade entre os Estados Unidos e as nações que se estavam criando ao sul do continente não era, no entanto, tarefa fácil. Ainda em 1821 podia-se dizer que o sentimento dominante nas elites estadunidenses (até por ainda não dispor dos meio para projetar seu poder além de suas fronteiras) era o de afirmar sua própria peculiaridade e traduzir isso em uma política externa extremamente isolacionista:

Nem com todos os tratados que possamos fazer, nem com todos os comissários que possamos mandar, nem com todo o dinheiro que lhes possamos emprestar, poderemos transformar seus Pueyrredons e seus Artigas em Adams ou Franklins, ou seus Bolívares em Washingtons. (Edward Everett, 1821, apud Whitaker, 1954, p.32)

Esse isolacionismo emanava de uma postura defensiva em relação à Europa, mas traduzia-se em um forte sentimento de superioridade em relação à colonização espanhola e portuguesa. A transformação desse sentimento de superioridade em uma ideia política deu-se com a proclamação da Doutrina Monroe em 1823. Assim mesmo, no esforço de convencimento do Congresso dos Estados Unidos da necessidade dessa nova política, foi preciso lançar mão da ideia de que "os desígnios da Santa Aliança no Novo Mundo *poderiam* incluir uma tentativa da França para recobrar a Louisiana" (Whitaker, 1954, p.37 – grifo no original). De fato, passaram-se várias décadas antes de os Estados Unidos considerarem seriamente qualquer ação intervencionista na parte sul do continente americano.

Tampouco pode-se considerar a Doutrina Monroe como base sólida para uma política interamericana, pelo seu caráter unilateral e essencialmente não afirmativo. Tratava-se de negar às potências europeias a possibilidade de intervenção nas Américas (curiosamente, com base muito mais no poder da armada inglesa). A própria extensão geográfica da exclusão pretendida variou. Em 1845, o presidente Polk e seu Secretário de Estado James Buchanam reduziram o manto protetor estadunidense à América do Norte. De fato, o expansionismo americano para além das fronteiras da América do Norte foi um fenômeno apenas da segunda metade do século XIX.

A Carta da Jamaica, de Bolívar, em 1815, é outro marco do processo de criação de um sentimento interamericano. Nesse documento, Bolívar propunha "formar de todo o Novo Mundo uma só nação, como vínculo que ligue suas partes entre si e com o todo". As bases para sua proposta, no entanto, revelam a diferença de interpretação sobre o que seria essa América, pois "[já] que se tem uma única origem, uma língua, os mesmos costumes e uma mesma religião, deveríamos, por consequência, ter um só governo da confederação dos diferentes Estados que venham a se formar" (Bolívar, 1815, apud Larrazábel, 1865, p.402). Não se trata da mesma entidade geográfica, uma vez que essa confederação americana da Carta da Jamaica, se concretizada, englobaria apenas as repúblicas hispano-americanas.[7]

Com o Congresso do Panamá, em 1826, essa concepção ampliou-se para também englobar os Estados Unidos e o Brasil, que acabaram sendo convidados para o projeto de confederação de Bolívar. O fracasso do projeto bolivariano traduziu-se não só pela impossibilidade de fazer funcionar a confederação pretendida, mas até mesmo pela fragmentação da sua Grã-Colômbia em três Estados distintos (aos quais se somaria o Panamá no início do século XX). Assim, já em 1828, Bolívar considerava que a

> Colômbia deve devotar-se inteiramente a seus próprios assuntos, tratar de seus próprios interesses, para estabelecer-se firmemente tanto domesticamente como em suas relações com as potências europeias, de quem pode esperar maiores vantagens, e abandonar a intervenção nos assuntos comuns dos Estados americanos. (apud Whitaker, 1954, p.49)

---

7 Whitaker (1954, p.25) vai ainda mais longe: "Antes de a Doutrina Monroe ser proclamada, em 1823, seu plano [de Bolívar] englobava apenas a América hispânica no Novo Mundo; por outro lado, estendia-se além do hemisfério ocidental para garantir algum tipo de vínculo entre a América hispânica e a Grã-Bretanha". Até mesmo a possibilidade de incluir a própria Espanha no projeto integracionista foi aventada, na forma de um projeto de um projeto de confederação entre as repúblicas hispano-americanas e a Espanha, apresentado pelo representante da Grã-Colômbia ao Embaixador da Espanha em Londres. Essa proposta chamada de "Plano de Reconciliação entre a Espanha e a América" acabaria, posteriormente, rejeitada por Bolívar e pelo rei da Espanha (Ovalles, 1994).

A liderança das iniciativas interamericanas passou, a partir da década de 1830, para o México e para o Peru. O primeiro fracassou nas diversas tentativas que fez, entre 1831 e 1842, para convocar uma reunião americana que excluísse os Estados Unidos, cujo "Destino Manifesto" já se fazia sentir pelos mexicanos. Não era, no entanto, ainda ameaçador o bastante para unir, como pretendia o México, os demais países hispano-americanos em torno de sua defesa.

A liderança peruana, a partir de 1840, foi facilitada pela ressurgência da ameaça das intervenções europeias no continente americano. As reações à tentativa do general Flores de reunir na Europa uma esquadra para reconquistar o poder no Equador e a guerra da quádrupla aliança (Chile, Bolívia, Peru e Equador) contra a Espanha mantiveram viva a ideia interamericana, mais uma vez centrada na resistência à intervenção europeia. O interamericanismo de vertente antieuropeia (reduzido, nessa quadra, às repúblicas do Pacífico) traduziu-se nas reuniões de Lima, de 1847-1848 e 1864-1865. As reuniões de Santiago e Washington, em 1856, por sua vez, tiveram como mote o alarme causado pelas intervenções norte-americanas na América Central e a possibilidade de sua extensão ao Equador, no caso da primeira. Oscilava-se entre a defesa contra a Europa e a defesa contra os Estados Unidos, mas quase sempre em uma esfera puramente hispano-americana.

Data também da década de 1850 a invenção do conceito de "América Latina", antecipado pelo francês Michel Chevalier, em 1836, no contexto da difusão do panlatinismo, que propunha a restauração da preeminência da "raça" latina, sob a liderança e inspiração da França. Torres Caicedo, jornalista, poeta e crítico literário colombiano residente em Paris, publicaria em 1856 o poema "Las dos Américas", que traria pela primeira vez a expressão. Seu projeto de América Latina, expresso em seus textos de 1861 e no livro de 1865, *Unión Latinoamericana*, excluía o Brasil, por ser uma monarquia e pela continuidade da escravidão. Ele propunha o fortalecimento dos laços políticos e a integração econômica das repúblicas hispânicas da América, ostensivamente contra o expansionismo estadunidense. Se, por um lado, a contraposição entre a "América Latina" e a "América Anglo-Saxônica" podia servir para justificar uma atitude intervencionista da França no continente americano; por outro, podia servir para dar abrigo à ideia de coesão dos países ao sul do Rio Grande contra o expansionismo estadunidense.[8]

Também o jurista argentino Carlos Calvo, como Caicedo residente em Paris e influenciado pela propaganda do panlatinismo, publicaria em 1864 uma obra em vinte volumes empregando a expressão América Latina. Vale notar, no entanto, que a ideia de América Latina, apesar de inventada em meados do século XIX, só se tornaria corrente já bem adiantado o século XX. Como comenta Bruit (2003): "o nome América Latina se estabelece definitivamente após a [Segunda] Grande Guerra. De fato, esse nome se consagra em 1948 quando se funda a Cepal".

A partir das duas últimas décadas do século XIX, a liderança das iniciativas interamericanas passou, no entanto, irreversivelmente para os Estados Unidos. Essa nova liderança trouxe também uma importante mudança de ênfase: se até então as propostas de coordenação entre os países americanos eram quase exclusivamente de âmbito político, sob a liderança estaduniden-

---

8 "Desde o primeiro lustro da década de [18]50, relacionado com o apogeu da ideia de raças, fonte de novas ideias e novos conceitos, começa-se a opor à América de 'raça saxã' a América de 'raça latina'. Atualizava-se assim o dualismo de que havia falado Michel Chevalier em 1836, lentamente difundido inicialmente no pensamento francês ... José María Torres Caicedo publicou em setembro de 1856 seu poema 'As duas Américas'. Trazia por fim, pela primeira vez, a expressão 'América Latina' (Ardao, 1980, p.103). Torres Caicedo publicaria, ainda, em 1861, panfleto intitulado "Bases para a formação de uma liga latino-americana", que, além da coordenação política, sugeria a constituição de "um *Zollverein* americano, mais liberal que o alemão" (ibidem, p.106).

O Brasil entre a América e a Europa

se elas ganhariam um caráter fortemente econômico. A ênfase política foi ainda tentada com a fracassada iniciativa norte-americana de reunir, em 1882, um congresso para tratar da arbitragem obrigatória como norma nos conflitos interamericanos, no contexto da Guerra do Pacífico entre o Chile e a aliança entre o Peru e a Bolívia. Mas em 1889, de novo sob a liderança estadunidense, uma nova abordagem seria tentada. Ainda que se persistisse na proposta de 1882, seria introduzido adicionalmente um importante enfoque econômico com a tentativa de criação de uma união aduaneira de dimensões continentais.

Se a expansão e o progresso dos Estados Unidos causavam temor, também despertavam admiração. Tendo estado a Argentina notavelmente ausente em todas as iniciativas interamericanas anteriores, a ideia interamericana, que então voltou a incluir os Estados Unidos, ganhou a adesão argentina com Sarmiento (que, aliás, testemunhou, à revelia de seu governo, a Conferência de Lima de 1864-1865). Os Estados Unidos eram, para Sarmiento, o modelo a ser adotado pelas demais nações americanas. Para ele, as sociedades latino-americanas deveriam "norte-americanizar-se" (Whitaker, 1954, p.72) e estreitar seus laços com os Estados Unidos. Tendo sido representante de seu país junto ao governo estadunidense, Sarmiento entendia que esse era o caminho para a ordem, a liberdade e o progresso que via na experiência americana. Sarmiento (apud Bruit, 2003) não poderia ser mais claro em sua admiração pelos Estados Unidos: "Não detenhamos aos Estados Unidos em sua marcha: isso é definitivamente o que alguns propõem. Alcancemos os Estados Unidos. Sejamos a América, como o mar é o oceano. Sejamos os Estados Unidos".

No início de sua grande fase de prosperidade, que se iria estender às primeiras décadas do século XX, a Argentina vivia uma ânsia de modernização que tinha como resposta ideológica o esforço para remover de sua sociedade a *leyenda negra* da tradição espanhola que amarrava, nesse entender, a América hispânica ao atraso e à barbárie. O repúdio à herança espanhola traduzia-se em uma renovada identificação com a ideia da América como símbolo de modernidade e progresso, e, nesse contexto, impulsionada por um ciclo virtuoso que se iniciava em sua economia, a Argentina abandonou a sua posição de distanciamento em relação ao interamericanismo. Também nos Estados Unidos crescia o interesse pelas ideias interamericanas. Tomando como modelo os movimentos pan--eslavo e pangermânico na Europa, cunhou-se a expressão "pan--americanismo" para definir essa ideia de integração continental.[9] O grande promotor do pan-americanismo como instrumento da política externa americana foi James G. Blaine, que, nas duas vezes em que esteve à frente da Secretaria de Estado, tentou promover a reunião dos países americanos em Washington.

À diferença dos movimentos anteriores, as razões do renovado interesse norte-americano pela integração continental não eram só políticas. Whitaker (1954, p.75) explicou o ímpeto interamericanista dos Estados Unidos ao fim do século XIX a partir de três variáveis. Primeiramente, pelo receio de que os continuados conflitos internacionais na América Latina dessem margem à possibilidade de uma intervenção europeia. A Guerra da Tríplice Aliança e a Guerra do Pacífico (que só se encerrou em 1883) constituíram conflitos de proporções inéditas na região. Em segundo lugar, em 1879-1880, foi organizada pelo francês Ferdinand de Lesseps uma companhia para construir um canal interoceânico no istmo do Panamá, sob concessão do governo colombiano, iniciativa avaliada por Whitaker como "prova inequívoca de como as empresas privadas europeias e seus governos podiam penetrar na América Latina em prejuízo direto dos Estados Unidos". Finalmente, superada a guerra civil, a indústria norte-americana conheceu uma fase de grande expansão e necessitava buscar mercados externos.

---

9 O termo aparece pela primeira vez na edição de 27 de junho de 1882 do jornal *New York Evening Post* apud Whitaker (1954, p.74, nota 15).

O Brasil entre a América e a Europa

Em suma, o interamericanismo foi, no século XIX, um conjunto de ideias e propostas pouco organizadas e, muitas vezes, até contraditórias em seus objetivos e alcance. Essas propostas e suas ideologias justificadoras conheceram muitas idas e vindas. Mas, do Congresso do Panamá à Conferência de Washington, pode-se dizer que, *grosso modo*, seu conteúdo modificou-se e transitou da proposta de unidade bolivariana, de cunho essencialmente político, à proposta estadunidense do *Zollverein* americano. No entanto, nenhuma dessas abordagens teve sucesso. O chamado "sistema interamericano", nas suas vertentes política e econômica, é ainda hoje, no início do século XXI, uma obra inacabada.

Americanos ou estadunidenses?

A despeito de o continente americano conter mais de trinta nacionalidades distintas, o gentílico "americano" é comumente usado, em um sentido restritivo, para referir-se apenas aos cidadãos ou habitantes dos Estados Unidos. Mais do que isso, em inglês, não há palavra de uso corrente que seja equivalente ao adjetivo "estadunidense", existente em português e em espanhol, que resolve essa ambiguidade. Em inglês, *American* remete especificamente a alguém ou algo dos Estados Unidos da América. Descreve-se o continente americano pela expressão "Hemisfério Ocidental" ou por suas partes: América do Norte, América do Sul, Caribe.

A apropriação da identidade comum de todos os povos da América pelos estadunidenses não deve ser atribuída apenas à grande diferença de poder, inclusive de difusão cultural, entre os Estados Unidos e os demais países do continente. A trajetória seguida pela construção das diversas identidades nacionais deve também ser levada em conta. Até fins do século XVIII, os habitantes das colônias inglesas na América consideravam-se ingleses ou, mais propriamente, súditos da Coroa inglesa. Do mesmo modo, ser súdito dos reis de Portugal e Espanha era a referência básica para as identidades dos colonos portugueses e espanhóis, mesmo quando já nascidos na colônia. Evidentemente, as populações indígenas e os escravos estavam excluídos dessas identidades. De uma forma "natural", dentro do imaginário do Antigo Regime, as diferenças (e em grande parte os destinos) dos homens e mulheres eram definidas e legitimadas pelas circunstâncias de nascimento.

A condição de americano, como vimos, também podia ser parte dessa identidade, mas sempre subordinada à condição de súdito do respectivo soberano e praticante de determinado credo. Assim, podia-se falar, ainda na colônia, em ingleses americanos, espanhóis americanos ou portugueses americanos, mas a condição de "americano" estava claramente subordinada aos demais elementos dessa identidade pré-nacional. Em paralelo, estavam também presentes sentimentos e laços de afinidade com as diversas *pátrias* locais. Esses sentimentos tiveram, ainda, por diversas ocasiões, consequências políticas, geralmente sob a forma de revoltas regionais e nativistas, mas peca por anacronismo quem interpreta esses movimentos como antevisões das nações que se construíram após a ruptura dos laços coloniais.

A ambiguidade entre uma ideia geral de América e as pequenas *pátrias* locais estava também claramente presente no caso estadunidense. Até a guerra civil, a identidade dos habitantes dos Estados Unidos era dada primordialmente pela condição de "georgiano", "virginiano" etc., de acordo com o Estado de residência. De certo, o gentílico "americano" já era usado, mas de modo ambíguo, podendo referir-se aos Estados Unidos ou a todo o continente.[10]

---

10 Essa ambiguidade não escapava aos estadunidenses. Para evitá-la, nomes alternativos para o país chegaram a ser discutidos: United States of Columbia, Appalachia, Alleghania, Freedonia. Não se alcançou, no entanto, suficiente consenso para essa mudança.

O Brasil entre a América e a Europa

Apenas após a guerra civil, o governo central sentiu-se forte o suficiente para desenvolver políticas ativas de enfraquecimento das identidades com os Estados federados em prol do fortalecimento da ideia de uma nação estadunidense. A política de "Reconstrução", perseguida no imediato pós-guerra, permitiu a superação da dicotomia entre a Confederação dos Estados do sul e a União dos Estados do norte. Se a Confederação, derrotada, foi destruída, a União também deixou de existir nesse processo, e finalmente foi criada a nação estadunidense. O termo disponível, de uso corrente, para essa identidade comum reinventada era ainda a palavra "americano", e a ambiguidade do termo era, naquelas condições, antes um atrativo do que um empecilho para sua adoção. A ideia de América como um Novo Mundo, um estilo de vida política e social, e a negação da aristocracia e das injustiças do Antigo Regime eram um conceito arraigado e ainda atrativo.

Do mesmo modo que nas Treze Colônias, na ex-colônia espanhola também estava presente a ambiguidade entre a lealdade às *pátrias* locais e uma ideia de América que às vezes referia-se a todo o continente, e outras vezes apenas à América hispânica. No caso dos países que emergiram do império espanhol, a ambiguidade entre a identidade "americana" e as diversas identidades nacionais resolveu-se em favor dessas últimas. Para criar e reforçar essas novas identidades, era necessário dar ênfase às diferenças, reais ou inventadas, entre as novas entidades políticas. Com o apoio de seus respectivos Estados e de suas elites intelectuais, mitologias, culturas e tradições distintas foram resgatadas ou, mesmo, inventadas em cada uma dessas novas "nações". A identidade comum, "americana", era relegada a um papel secundário em prol de reais ou imaginárias diferenças históricas, geográficas, culturais e raciais. Assim, as tentativas de criar as distintas nacionalidades foram também um esforço de rejeição da identidade comum americana.

O Império brasileiro, por sua vez, negava sua própria condição de americano em prol de uma identidade ligada à ideia de civilização, ordem e estabilidade, qualidades que acreditava "europeias", e que o distinguiriam de seus turbulentos vizinhos. O americanismo brasileiro só foi manifestar-se concretamente nas décadas finais do Império e só teve apoio do Estado e curso livre na sociedade com a queda da Monarquia.

É fácil imaginar que, se o projeto de fazer da América espanhola uma única nação tivesse tido sucesso, ou se o americanismo brasileiro tivesse desabrochado antes, o título de americano teria tido competidores mais fortes. As identidades locais nos Estados Unidos desembocaram sem competição real na identidade comum, de "americano", em um caminho inverso ao da construção das identidades nacionais latino-americanas.

2
O Império e os congressos interamericanos

*O Brasil está baixo anátema pelo pecado
mortal de ser na América a única monarquia,
um império florescente, contrastando com a
decadência das repúblicas que o rodeiam.*

(Francisco Aguiar de Andrada, 1868)

As iniciativas interamericanas no século XIX podem, em uma primeira aproximação, ser enquadradas em duas correntes: a bolivariana e a monroísta. A vertente bolivariana, centrada nas repúblicas hispano-americanas, teve frustrado o objetivo de evitar a desintegração da América espanhola em mais de uma dezena de unidades independentes ou, pelo menos, reuni-las em uma grande confederação. Evitou-se excluir formalmente tanto o Brasil como os Estados Unidos dessa ideia de América, mas o caráter eminentemente hispânico mal se disfarçava apesar dos eventuais convites aos dois centros de língua inglesa e portuguesa na América para também comparecerem às reuniões de representantes das repúblicas. O projeto de unidade não se pôde concretizar, e nenhum dos sucessivos tratados de confederação chegou a entrar em vigor. De todo modo, o produto mais concreto desse importante movimento foram as sucessivas conferências interamericanas.

Luís Cláudio Villafañe G. Santos

O monroísmo, por sua vez, também não resultou em iniciativas concretas, "restringindo-se a uma declaração de intenções para os próprios norte-americanos de que não iriam intervir em questões europeias e que não devia a Europa restabelecer o sistema colonial no continente". Indiscutivelmente, a armada inglesa foi o fator-chave para dissipar a ameaça de uma intervenção das antigas metrópoles, a despeito da declaração de 1823. "O governo norte-americano se negou a convertê-lo em ação, o que aliás era dispensável, porquanto o monroísmo correspondia à política britânica, que tinha força para impor-se sozinha" (Cervo & Bueno, 1992, p.38). A efetiva participação dos Estados Unidos nos esforços interamericanos deu-se apenas a partir da década de 1880, quando passaram a liderar essas iniciativas sob a bandeira do pan-americanismo.

O americanismo brasileiro

Também o Império não esteve isento de, em determinados momentos, alimentar ideias interamericanistas, ainda que estas não se tenham convertido em políticas verdadeiramente efetivas. Na opinião de alguns autores (Almeida, 2001; Cervo & Bueno, 1992), teria de fato existido uma "versão brasileira do americanismo, até agora desconhecida" (Cervo & Bueno, 1992, p.37).

Segundo Cervo & Bueno (1992, p.37-8):

O americanismo brasileiro foi um ideário preciso e prático, que emergiu em dois momentos, por motivações concretas. O primeiro corresponde ao pensamento, às intenções e iniciativas de José Bonifácio, em 1822-23, e se explica pela necessidade de defender a independência; o segundo corresponde à reação que se delineia no Parlamento, a partir de 1828, contra o sistema de vinculações europeias estabelecidos pelos tratados. Esse americanismo se caracteriza pelo sentimento de unidade continental e pela consciência de compartilhar com o sistema americano de instituições liberais. O ideário explica o desejo de aproximação com a América, tanto para garantir a defesa comum do continente quanto para promover os interesses comuns, particularmente o comércio e as boas relações.

Os sentimentos americanistas de José Bonifácio são um tema já explorado pela historiografia. Contudo, assim como seus sentimentos antiescravistas, sua tradução concreta em políticas de Estado não foi verificada na prática.

Outra evidência apontada para corroborar a tese do americanismo brasileiro é a política de celebração de tratados com países americanos em reação ao chamado "sistema dos tratados".[1] Esse movimento, de fato, deu origem a uma política de assinatura de tratados de comércio com base no princípio da nação-mais-favorecida como forma de descaracterizar os privilégios concedidos às potências europeias no bojo das negociações para o reconhecimento da independência brasileira.

Ademais, vale recordar que, no Primeiro Reinado, a política externa mostrou-se vacilante e confusa também em outros temas cruciais para o jovem Estado (como limites e navegação dos rios internacionais, por exemplo). Nesse contexto, também se registraram declarações em favor do aumento do comércio com os países americanos e de outras iniciativas que levariam ao estreitamento dos laços com as repúblicas vizinhas, mas que, na prova dos fatos, não resultaram em uma política coerente. Esse voluntarismo americanista ficou bem ilustrado pelo não cumprimento das retumbantes promessas americanistas do Relatório da Repartição dos Negócios Estrangeiros de 1830, apresentado por seu titular, Francisco Carneiro de Campos, em 22 de abril de 1831 (ou seja, apenas quinze dias depois da abdicação de D. Pedro I e o início da fase das Regências). Nesse docu-

---

1 O assunto é extensamente tratado em Cervo (1981).

mento, o ato da abdicação foi saudado como "a gloriosa revolução do dia 7 de abril, que *nacionalizou o Brasil*, e reintegrou um Ministério demitido, só por seu patriotismo e adesão sincera às instituições liberais" (RRNE, 1830, p.12 – grifo do autor).

A alusão à ideia de "nacionalização" do Brasil com o afastamento do soberano também é indicativa da intenção de buscar uma nova política externa, distinta daquela perseguida no Primeiro Reinado, em especial no que tange aos tratados que beneficiavam as potências europeias. Francisco Carneiro prosseguiu no seu relatório com as seguintes propostas:

> O governo, de ora em diante mais franco e livre em suas deliberações e arbítrios, conta poder fazer ainda algumas outras economias nas missões europeias, para melhor estabelecer e dotar as da América; mas todas as reformas exigem tempo e o governo sem precipitá-las espera cedo se lhe proporcionem circunstâncias de as poder realizar, guardadas as demonstrações de decoro e recíprocas atenções, que estão em uso entre as nações. Estou convencido, de acordo com o voto da Assembleia Geral, que, conquanto nós tenhamos tido até agora, e talvez por muito tempo ainda devamos continuar a ter, as maiores relações com o antigo mundo, convém todavia principiar desde já a estabelecer e apertar com preferência os vínculos, que no porvir devem ligar muito estreitamente o sistema político das associações do hemisfério americano. Partes componentes deste grande todo, aonde a natureza tudo fez grande, tudo estupendo; só poderemos ser pequenos, débeis e pouco respeitados, enquanto divididos. Talvez uma nova era se aproxima, em que as potências da América, pejando-se de suas divisões intestinas à vista do exemplo de concórdia, que nós lhes oferecemos, formem uma extensa família, e saibam com o vigor próprio da liga robusta de tantos povos livres repelir com toda dignidade o orgulho, e pretensões injustas das mais infatuadas nações estranhas. O continente imenso, que banhado pelos dois grandes mares, quase toca ambos os polos, oferece na grande variedade das suas latitudes e climas, distintíssimos produtos, que dando sempre o necessário à vida, podem ainda oferecer matéria e alimento ao mais extenso co-

mércio: a colocação de cônsules inteligentes nos lugares apropriados animará a concepção e desenvolvimento das mais acertadas especulações mercantis. (RRNE, 1830, p.23)

O fervor americanista do relatório de Francisco Carneiro de Campos explica-se pelo contexto em que foi apresentado: ainda no calor da abdicação de D. Pedro I, evento que ele qualifica como uma "revolução" que "nacionalizou" o Brasil. Ou seja, a experiência republicana das regências ao enfraquecer o princípio dinástico criaria (nessa perspectiva) as bases para o desenvolvimento de um sentimento verdadeiramente nacional. Ainda que o espírito dos relatórios anuais fosse o de prestar contas das atividades e políticas da Secretaria dos Negócios Estrangeiros no ano anterior, em vista da nova situação, Carneiro de Campos fez o seu relatório em termos propositivos e prescritivos. A primazia antes dada às relações com a Europa foi atribuída ao soberano que acabava de abdicar, e a lógica conduzia a uma reorientação da política externa na direção das Américas. No entanto, seu voluntarismo não encontrou abrigo nos fatos.

A proposta de uma política comercial americanista não foi levada adiante, pois faltavam bases objetivas para tanto, seja pela identidade de produtos seja por dificuldades de comunicação. A assinatura de tratados comerciais equiparando as tarifas do comércio com as repúblicas ao nível concedido aos países europeus não mudou essa situação:

> Com efeito, o comércio com os países da região, à exceção dos fluxos (legais e ilegais) com os países vizinhos do Prata, sobretudo aqueles conduzidos para atender aos interesses da indústria sulina do charque, era quase que irrisório no conjunto do intercâmbio externo do Império. De uma maneira geral, esses tratados não faziam mais do que assegurar reciprocamente o tratamento de nação-mais-favorecida, sem conter (com poucas exceções) qualquer cláusula especial relativa a direitos específicos ou derrogações particulares. (Almeida, 2001, p.140)

A realidade econômico-comercial excluía, na prática, a possibilidade de se substituírem os laços com a Europa, para onde era exportada a maior parte da produção brasileira e de onde eram importados os produtos manufaturados. Nem mesmo os Estados Unidos (nesse momento em que sua indústria estava ainda voltada para seu mercado interno) podiam assumir esse papel. Somente ao fim do século, com suas maciças importações de café, o mercado estadunidense assumiria a proeminência que teria depois.

No plano político, persistiam as dificuldades derivadas da condição de única monarquia das Américas e, também, as pendências de limites e navegação. Por essas razões, o fervor americanista demonstrado no referido relatório não produziu efeitos práticos. O "americanismo brasileiro", no Império, nunca passou do plano das intenções e não se traduziu em políticas concretas, perseguidas de modo consistente.

Os congressos interamericanos do século XIX

Na medida em que faltavam bases econômicas para sustentar uma política verdadeiramente americanista, as reações do Império ante as iniciativas interamericanas devem ser entendidas basicamente na sua dimensão política. Essa dimensão teve sua face mais visível nos congressos interamericanos convocados ao longo do século XIX, os quais são, sem dúvida, as manifestações mais concretas do interamericanismo nesse período. Além do amplamente conhecido Congresso do Panamá, realizado em 1826, diversas outras conferências de caráter interamericano[2] foram realizadas antes da Conferência de Washington (1889-1890). Esta lançou as bases do atual sistema interame-

---

2 Reitera-se que o termo "interamericano" não pertence ao século XIX. As ideias de identidade entre as distintas regiões desse vasto continente abrigavam-se então sob diversos títulos: americanismo, hemisfério ocidental,

O Brasil entre a América e a Europa

ricano, cuja entidade representativa é a Organização dos Estados Americanos – OEA (criada em 1948), sucessora da União Pan-Americana (1910). Reunindo a cada vez distintos participantes, mas sempre com a ausência do Império, essas iniciativas foram: o já citado Congresso do Panamá (1826), o Congresso de Lima (1847-1848), os Congressos de Santiago e de Washington (ambos em 1856) e o segundo Congresso de Lima (1864-1865) e, finalmente com a presença brasileira, a Conferência de Washington (1889-1890).

De caráter menos geral, realizou-se em Caracas, no ano de 1883, uma reunião comemorativa do centenário de nascimento de Simón Bolívar, com a presença de representantes da Argentina, da Bolívia, da Colômbia, do Peru, de El Salvador, do México e da Venezuela. Na ocasião, emitiram-se várias declarações. Entre elas, destacar-se-ia a relativa ao princípio da arbitragem obrigatória:

> sendo o sentimento de fraternidade o que deve guiar e presidir as relações internacionais das citadas repúblicas irmãs a fim de tornar impossível os conflitos armados, estão elas obrigadas a estabelecer a arbitragem como única solução de toda controvérsia sobre seus direitos e interesses que possam estar em desacordo. (apud Yepes, 1976, p.143-4)[3]

---

pan-americanismo, para citar alguns entre os mais correntes. Para representar essa noção de identidade, que cada ator soube desenvolver de acordo com seus interesses e perspectivas, optou-se por adotar um conceito manifestamente estranho ao século XIX.

3 Em seu relatório anual à Assembleia Legislativa, em 1884, o Secretário de Negócios Estrangeiros brasileiro comentou os resultados da reunião de Caracas: "A ata, que se lavrou, foi firmada pelo Primeiro Magistrado dos Estados Unidos da Venezuela, e exprime o pensamento de seu governo; mas também foi firmada por agentes diplomáticos e consulares e outros representantes de governos americanos presentes em Caracas para fim diverso, e sem poderes que os autorizassem a tratar dos graves assuntos de que se ocuparam. Essa ata não é portanto base suficiente para a solici-

Luís Cláudio Villafañe G. Santos

Esses textos, no entanto, não foram ratificados e poucos efeitos práticos produziram. O Império não foi convidado a participar da reunião de 1883 e tampouco se interessou em assinar as declarações nele produzidas. Houve, além disso, duas reuniões de caráter eminentemente jurídico, mas que igualmente merecem menção: uma reunida em Lima (1877-1879)[4] e a outra em Montevidéu (1888-

tada adesão. Quanto às declarações em sua generalidade, se o governo imperial lhes desse a sua adesão, achar-se-ia envolvido em uma grande aliança perpétua, cujas consequências não pode prever.

Quanto ao congresso, não acha conveniente sujeitar à decisão dele as suas questões territoriais, que têm sido e serão resolvidas direta e amigavelmente; não pode contrair compromisso algum sobre os direitos de cidadão sem violar disposições da Constituição do Império; pensa que a igualdade de peso e lei das moedas pode ser matéria de ajustes particulares entre os Estados que a julgarem útil, assim como as comunicações internacionais de mar e terra, aliás indefinidas na ata da conferência oficiosa; já reformou seu sistema de pesos e medidas e não sente a necessidade de alterá-lo; e finalmente ainda tem sobre as questões de direito internacional privado a opinião enunciada na resposta que deu em 20 de abril de 1876 ao governo do Peru quando este o convidou a tomar parte no congresso de plenipotenciários jurisconsultos que se instalou em Lima" (RRNE, 1884, p.24-5).

4 Consoante com a política de rejeição das iniciativas interamericanas de um modo geral, o governo imperial era refratário à tendência de criação de um direito internacional americano, público ou privado, proposta por juristas hispano-americanos. Preferia debater essas questões em foros de caráter mais amplo, ou seja, incluindo as potências europeias. Nesse sentido, respondeu ao convite para a reunião de 1877 em Lima: "O governo imperial reconhece que a legislação dos diversos países, na parte que constitui o que se chama direito internacional privado, contém muitas divergências, e que estas, em razão da progressiva fácil comunicação dos povos, engendram frequentemente conflitos que são de difícil solução; não ignora que o *desideratum* dos sábios e amigos do progresso é que haja um código civil uniforme e obrigatório; crê que isto é possível, uma vez que o trabalho se limite ao que é de justiça universal e da natureza do homem, mas não depende da vida nacional de cada povo; crê ainda que a possibilidade é maior nas matérias especiais, que por si mesmas têm um caráter internacional, como é o direito comercial e marítimo, mais cosmopolita do que o direito civil; pensa porém que este *desideratum* não será realizado senão em

-1889),[5] que contou, inclusive, com a presença de representante brasileiro. A tentativa de construir um direito internacional americano (que continuou nas primeiras décadas do século seguinte) deve também ser entendida como uma manifestação concreta do sentimento interamericano. O Império, de modo coerente com sua política de resistir às iniciativas interamericanas, evitou participar desse empreendimento, preferindo sempre discutir as questões do direito internacional em foros que incluíssem também as potências europeias.

---

futuro remoto, porque depende de trabalho lento e constante e muito mais da ação científica individual e coletiva, do que da ação diplomática. O arbítrio mais conveniente e prático é talvez o adotado pelo Instituto de direito internacional nas sessões que celebrou em Genebra e Haia nos anos de 1874 e 1875. Reconheceu esse Instituto a evidente utilidade e mesmo para certas matérias a necessidade de tratados, pelos quais os Estados civilizados adotem de comum acordo as regras obrigatórias e uniformes de direito internacional privado, segundo as quais as autoridades públicas e especialmente os tribunais dos Estados contratantes, devem decidir as questões concernentes às pessoas, bens, atos, sucessões, processos e julgamentos estrangeiros; e entendeu que o melhor meio de atingir este fim seria que o Instituto mesmo preparasse os projetos textuais desses tratados, quer gerais, quer concernentes às matérias especiais, e particularmente aos conflitos relativos a casamentos, sucessões e execução de julgamentos estrangeiros. Pensa o governo imperial que seria preferível esperar esses projetos baseados nos profundos e luminosos relatórios do referido Instituto; e que, *como a matéria não é de interesse exclusivamente americano, conviria antes um Congresso geral que um Congresso americano*" (RRNE, 1877, Anexos, p.193-4 – grifo do autor).

5 O Congresso de Montevidéu reuniu representantes da Argentina, da Bolívia, do Brasil, do Chile, do Paraguai, do Peru e do Uruguai, e assentou como base das relações privadas o princípio do *jus soli*, ou seja, a primazia da territorialidade e a não aplicabilidade de leis estrangeiras em relação a pessoas e bens. Recorde-se que a América do Sul recebia, naquele momento, um importante fluxo de migrantes europeus, e a afirmação do *jus soli* atendia ao interesse comum desses países (inclusive do Império) de proteger-se de pressões indevidas dos cônsules estrangeiros nas disputas envolvendo seus cidadãos.

Luís Cláudio Villafañe G. Santos

O Congresso do Panamá

O Congresso do Panamá foi, indiscutivelmente, a mais emblemática iniciativa interamericana do século XIX. Deve ser tributado, antes de tudo, à persistente ação política de Bolívar – que, já em 1815 (em sua célebre Carta da Jamaica), sugeria:

> É uma ideia grandiosa pretender formar de todo o Novo Mundo uma só nação, como vínculo que ligue suas partes entre si e com o todo. Já que se tem uma única origem, uma língua, os mesmos costumes e uma mesma religião, deveríamos, por consequência, ter um só governo da confederação dos diferentes Estados que venham a se formar; mas isso não é possível porque climas remotos, situações diversas, interesses opostos, caracteres dessemelhantes dividem a América. Que belo seria se o Istmo do Panamá fosse para nós o que o Corinto foi para os gregos! Oxalá que algum dia tenhamos a sorte de instalar ali um augusto congresso dos representantes das repúblicas, reinos e impérios para tratar e discutir sobre os altos interesses da paz e da guerra com as nações das outras partes do mundo. (apud Larrazábel, 1865, p.402-3)

Nessa passagem, pode-se verificar que o projeto inicial de Bolívar restringia-se às unidades que viessem a se formar a partir do império colonial espanhol e que, de modo cauteloso, previa diversas possibilidades para a coordenação dessas entidades, do ideal de construção de uma só nação à ideia de confederação entre os diferentes Estados. A escolha do Panamá para a realização de um congresso que discutisse esse arranjo – que seria, na sua visão "o que o Corinto foi para os gregos" – é ilustrativa do simbolismo que Bolívar pretendia dar à sua iniciativa, fazendo dela uma ressonância da política e cultura da Antiguidade clássica, que o Iluminismo revalorizava e cultuava.

Fazendo-se eleger presidente da Grã-Colômbia (que englobava os atuais territórios da Venezuela, Equador, Panamá e

O Brasil entre a América e a Europa

Colômbia), já em 1822 Bolívar enviou representantes aos demais países hispano-americanos com o intuito de sondar seus governos sobre a realização do projetado congresso americano e de firmar tratados estabelecendo as bases de uma futura confederação. As instruções dadas a seus representantes eram claras:

> A confederação projetada não se deve fundar unicamente no princípio de uma aliança defensiva e ofensiva ordinária; deve, ao contrário, ser mais estreita do que aquela que se formou recentemente na Europa [a Santa Aliança] contra a liberdade dos povos. É necessário que a nossa seja uma sociedade de nações-irmãs, separadas por ora no exercício de sua soberania pelo curso dos acontecimentos humanos, mas unidas, fortes e poderosas para sustentar-se contra as agressões do poder estrangeiro. (Bolívar, 1822, apud Yepes, 1976, p.33)

A reação conservadora na Europa, que teve na Santa Aliança sua expressão mais significativa, procurou restaurar os princípios do Antigo Regime e levantou a possibilidade de intervenções europeias para restabelecer os laços com as antigas colônias. Aproveitando-se do temor causado na América hispânica por essa perspectiva, Bolívar procurou avançar seu projeto integracionista. A Grã-Colômbia assinou tratados com o Peru, em 6 de junho de 1822; com o México, em 3 de dezembro de 1823; com o Chile, em 23 de outubro de 1823; e com a República Centro-Americana (que reunia os atuais territórios da Costa Rica, de Honduras, de El Salvador, da Nicarágua, de Belize e da Guatemala), em 15 de março de 1825. A grande ausência, como se vê, ficou por conta das Províncias Unidas do Rio da Prata (Argentina), que não se interessaram pela iniciativa de Bolívar.

Em 7 de dezembro de 1824, na qualidade de "Libertador da Colômbia e Encarregado do Mando Supremo do Peru", Bolívar dirigiu uma carta circular aos governos da Colômbia, do México, da América Central, das Províncias Unidas e do Chile para convidá-los a uma assembleia que se reuniria no Panamá.

No primeiro semestre de 1825, no entanto, ocorreu o incidente de Chiquitos, que criou uma grande tensão entre o Império e as repúblicas vizinhas. Em março desse ano, as tropas bolivarianas comandadas por Sucre combatiam a resistência espanhola no Alto Peru (atual Bolívia), e o governador realista da província de Chiquitos, Sebastián Ramos, atravessou a fronteira e propôs ao governo provisório de Mato Grosso que a província boliviana se colocasse sob a proteção do imperador "até que a América espanhola ou o reino do Peru, evacuado do poder revolucionário comandado pelos sediosos Simón Bolívar e Antonio José de Sucre, seja reconquistada pelas armas de Sua Majestade Católica [o rei da Espanha] e reclamada pelo dito soberano" (AHI/RJ, 308/2/8).[6]

As autoridades do governo provisório de Mato Grosso acabaram por aceitar tal anexação e Sebastián Ramos foi mantido no cargo de governador de Chiquitos. Uma tropa de sessenta soldados brasileiros dirigiu-se à província boliviana. Informado do ocorrido, Sucre, em nota datada de 11 de maio, apresentou um *ultimatum* ao governo de Mato Grosso, na qual punha em dúvida que este estivesse seguindo orientação do Rio de Janeiro. Caso as tropas brasileiras não desocupassem imediatamente a província, seu exército seria instruído para não apenas expulsar os invasores, "mas a penetrar no território que se declara inimigo, levando a desolação, a morte e o espanto para vingar nossa pátria" (Ovando, 1977, p.92-3). Sucre procurou buscar, ainda, o apoio das tropas argentinas estacionadas ao sul da Bolívia, comandadas por Juan Antonio Alvarez de Arenales, para um eventual ataque ao Império (ibidem, p.107 ss.). Informado do ocorrido, Bolívar posicionou-se de maneira bastante cautelosa. Instruiu Sucre a que se conservasse em território boliviano,

---

6 Anexo n.4 ao Aviso do governo provisório de Mato Grosso, datado de 15 de abril de 1825.

O Brasil entre a América e a Europa

pois temia que "a Santa Aliança se aproveitaria do menor passo violento ou indireto que pudessem dar os governos da América, para atribuir-nos intenções ambiciosas e extensivas à destruição do único trono que há na América" (Bolívar, 1825, apud Ovando, 1977, p.41).

As autoridades de Mato Grosso, entretanto, em 21 de maio, acabariam por voltar atrás em sua decisão e retiraram suas tropas de Chiquitos, evitando, assim, qualquer confronto militar. "A ab-rogação da anexação foi feita, pois, pelas autoridades de Mato Grosso e não como resultado direto da desaprovação imperial ou hispano-americana" (Seckinger, 1984, p.74). Na verdade, pela rapidez com que a decisão foi revogada, é pouco provável que a reversão da anexação de Chiquitos tenha resultado de consulta ao governo imperial, em vista da lentidão das comunicações com a distante província. De todo modo, ao ser informado do ocorrido, o governo imperial desaprovaria oficialmente a atitude das autoridades de Mato Grosso, por meio de nota publicada em 6 de agosto.

A despeito de Chiquitos, as engrenagens da diplomacia seguiram seu curso, e o Brasil acabaria sendo convidado a participar do Congresso, por meio de nota datada de 7 de junho de 1825, do representante colombiano em Londres a seu contraparte brasileiro naquela capital. Com a notícia do incidente de Chiquitos, o imperador apressou-se em anuir ao convite, o que foi feito por nota datada de 30 de outubro de 1825 entregue ao ministro plenipotenciário da Grã-Colômbia em Londres:

> A política do Imperador, tão deferente e generosa como é, estará sempre pronta para contribuir para a paz, felicidade e glória da América, e assim que a negociação relativamente ao reconhecimento do Império estiver concluída honrosamente no Rio de Janeiro, enviará um Plenipotenciário ao Congresso para tomar parte nas deliberações de interesse geral, que sejam compatíveis com a estrita neutralidade que guarda entre os estados beligerantes da América e da Espanha. (apud Aleixo, 2000, p.21)

O plenipotenciário brasileiro em Londres, barão de Itabaiana, recomendou que o imperador se fizesse representar no Congresso "para nele figurar como mediador entre a Espanha e as repúblicas hispano-americanas", aduzindo que tal mediação deveria ser feita em coordenação com os Estados Unidos. Para ele, essa mediação conjunta seria o único meio de "conter a impetuosidade das repúblicas espanholas contra a corte de Madri e a pôr o Congresso do Panamá em uma atitude amigável para com a Europa" (AHI/RJ, 217/3/1).[7]

Para representar o imperador no Congresso do Panamá, foi escolhido o conselheiro Teodoro José Biancardi que, no entanto, nunca chegou ao seu destino. Segundo Mello (1963, p.292-3) e Werneck de Castro (1988, p.167-8), o conselheiro Biancardi teve ordens de retornar ao Rio de Janeiro, quando já se encontrava na Bahia, a caminho do Panamá. O governo imperial, no entanto, atribuiu a ausência do representante brasileiro a motivos pessoais (AHI, 211/4/12).[8] Aleixo (2000, p.27-8) explica a ausência brasileira pela possibilidade de que fosse discutida manifestação em favor do sistema republicano, pela não confirmação da presença das Províncias Unidas que poderiam tentar usar o congresso para propagandear sua causa contra o Brasil, e, por fim, pelas próprias dificuldades logísticas de se chegar ao Panamá desde o Rio de Janeiro. Seckinger (1984, p.43), por sua vez, insinuou que nunca houve real intenção de enviar um representante ao Congresso. A indicação teria sido apenas um gesto político, destinado a salvar as aparências.

O Congresso do Panamá realizou-se em 1826 sem a presença brasileira. Compareceram representantes da Grã-Colômbia (Pedro Gual e Pedro Briceño Méndez), da América Central

---

7 LIB em Londres, Ofício Secreto n.13, de 10.5.1826.
8 LIB em La Paz, Despacho de 4 de novembro de 1841.

O Brasil entre a América e a Europa

(Antonio Larrazábal e Pedro Molina), do Peru (Miguel Lorenzo Vidaurre e José Pérez de Tudela) e do México (José Mariano Michelena e José Domínguez Manso). Como observadores, assistiram também Edward James Dawkins e Van Veer, representantes da Grã-Bretanha e Holanda, respectivamente. O Chile e as Províncias Unidas mostraram-se pouco interessados no projeto de uma confederação, sob a hegemonia de Bolívar, e nem ao menos enviaram representantes ao Congresso Americano.[9]

Ao fim do Congresso do Panamá foi aprovada moção no sentido de que a assembleia se transladasse para a Vila de Tacubaya, distante uma légua da Cidade do México, para prosseguir suas negociações e continuar a reunir-se ali periodicamente. Essa iniciativa foi abandonada em fins de 1828, depois de dois anos de inúteis tentativas de instalar as sessões do encontro. Quando o primeiro representante diplomático colombiano chegou ao Rio de Janeiro, em 1827, constava das suas instruções buscar que o Império indicasse representante ao encontro de Tacubaya. Somente em janeiro de 1829, D. Pedro I designou o seu representante em Bogotá para representá-lo, mas já haviam cessado as tentativas de inaugurar o encontro, que acabou por não se realizar (Seckinger, 1984, p.43).

A não participação do Brasil no Congresso do Panamá evitou um problema de fundo: a discussão sobre o tráfico de escravos. A abolição do tráfico constituía um dos seis pontos das

---

9 O Congresso do Panamá, em si, é uma questão que foge ao escopo desta discussão (e que já dispõe de ampla bibliografia). Como no caso dos demais encontros, a análise aqui desenvolvida ficará limitada às reações do Império perante cada iniciativa interamericana, que será meramente contextualizada para permitir a compreensão do alcance e dos limites das reações brasileiras. Para uma visão abrangente das discussões dos congressos interamericanos anteriores à Conferência de Washington, inclusive com a reprodução dos textos firmados, ver Yepes (1976).

Luís Cláudio Villafañe G. Santos

instruções dos representantes de Bolívar ao congresso, os quais deveriam fazer constar do tratado "a abolição do tráfico de escravos da África e declarar os perpetradores de tão horrível comércio incursos no crime de pirataria".[10]

O Tratado de "União, Liga e Confederação Perpétua" assinado no Panamá (15 de julho de 1826) (e que só foi ratificado pela Grã-Colômbia), de fato, consagrou esse princípio em seu artigo 27:

> As Partes contratantes obrigam-se e comprometem-se a cooperar para a completa abolição e extirpação do tráfico de escravos da África, mantendo suas atuais proibições de semelhante tráfico em toda sua força e vigor; e para lograr desde já tão saudável obra, convém ademais declarar, como declaram entre si da maneira mais solene e positiva, os traficantes de escravos, com seus navios carregados de escravos procedentes das costas da África baixo o pavilhão de ditas Partes contratantes, incursos no crime de pirataria, baixo as condições que se especificarão depois de uma convenção especial. (apud Yepes, 1976, p.100)

Ainda que o Império, já em 1826, tivesse se comprometido com a Inglaterra nesse sentido, na prática passava ao largo da sua execução[11] (dando corpo à expressão "para inglês ver") e não seria de seu interesse criar fonte adicional de pressão contra uma instituição que considerava vital. As demais cláusulas (de confederação e defesa comum contra a agressão estrangeira) tampouco despertaram o interesse do Império. No caso brasileiro, as ameaças externas vinham muito mais dos seus vizinhos do que da Europa, com a qual, aliás, o Império tentava

---

10 Instruções aos delegados colombianos, de 22 de setembro de 1825 (apud Yepes, 1976, p.58).

11 Foi assinada com a Inglaterra, em 23 de novembro de 1826, uma convenção sobre o tráfico de escravos que previa a sua extinção em três anos após as ratificações.

identificar-se. O governo imperial, inclusive, deixou claro esse ponto desde a sua resposta ao convite para participar do congresso, ao declarar que apenas participaria nas "deliberações de interesse geral, que sejam compatíveis com a estrita neutralidade que guarda entre os estados beligerantes da América e da Espanha" (apud Aleixo, 2000, p.21).

Como lembrou Aleixo (2000), o andamento da questão com as Províncias Unidas com relação à Província Cisplatina é outra variável a ser levada em conta na análise do não comparecimento do Império no congresso. A possibilidade de o governo de Buenos Aires aproveitar-se do congresso para propor uma aliança antibrasileira era uma perspectiva pouco agradável para o governo imperial. Mas, com a confirmação da ausência argentina no congresso, essa preocupação também se dissipou:

> Em 1825 já ocorriam hostilidades militares entre Buenos Aires e o Rio de Janeiro por motivo do litígio sobre o território do atual Uruguai. As notícias do não comparecimento de Buenos Aires ao Panamá podem ter influído no sentido de que o governo do Brasil procedesse de igual forma. Dom Pedro I era contrário à discussão desse tema no congresso, mas a possível presença de Buenos Aires e o levantamento deste conflito por seu representante poderia ser um estímulo para que o Brasil expusesse sua posição. (ibidem, p.26)

Desse modo, verifica-se que, fosse por razões de caráter estrutural (derivadas da singularidade do regime brasileiro) fosse por motivos circunstanciais (o andamento da disputa sobre a Cisplatina), o Império não se sentiu motivado a atender ao convite de Bolívar. Desde essa primeira oportunidade, ficou patente que o temor de uma exposição de seus conflitos sub-regionais em um contexto mais amplo, que certamente lhe seria desfavorável, e a natureza do regime político brasileiro eram dois fatores a pesar contra a participação do Império nas conferências interamericanas.

Luís Cláudio Villafañe G. Santos

O Primeiro Congresso de Lima

A monarquia brasileira continuou, ao longo das décadas de 1830 e 1840, a ser alvo de desconfiança nas repúblicas vizinhas. Para isso também contribuiu o próprio caráter vacilante e confuso da política externa brasileira da primeira metade do século XIX. Um bom exemplo é a missão do marquês de Santo Amaro, que foi enviado à Europa em 1830,

> com a incumbência de tratar junto às cortes de Paris, Londres e Viena da implantação, nas antigas colônias espanholas da América, de governos estáveis, sob a forma de monarquias constitucionais, bem como da possibilidade de reincorporação da Banda Oriental pelo Brasil ou sua transformação em Ducado. (Moniz Bandeira, 1985, p.128)

A ampla ofensiva francesa na América, na década de 1830 (com intervenções no México, Buenos Aires, Montevidéu e no Amapá), contribuiu para adensar o clima de desconfianças contra o Império, que reagiu de modo débil até mesmo à ocupação do seu território, em contraste com a firme resposta de Buenos Aires. Essas intervenções, ademais, trouxeram novamente à tona a ideia da necessidade de união americana contra as ameaças externas. A isso, somou-se o prenúncio do expansionismo norte-americano sobre as fronteiras do México. Como forma de buscar auxílio na defesa contra seu vizinho do norte, o governo mexicano enviou um representante, Juan Cañedo, para percorrer os países da América do Sul e convidá-los a um novo congresso americano. Originalmente, o convite mexicano não se estendia aos Estados Unidos nem ao Império. Contudo, após gestões nesse sentido do representante brasileiro em Lima, o Brasil seria convidado por Cañedo (AHI/RJ, 299/3).[12]

---

12 APDPR, Memória n.17 (299/3).

O Brasil entre a América e a Europa

Não havia, no entanto, consenso nem mesmo entre os países hispano-americanos sobre como concretizar essa aliança. Para o Chile, por exemplo, os Estados Unidos não representavam ameaça, ao passo que os ataques de corsários franceses, durante a guerra que o Chile travou com a confederação peruano-boliviana na década de 1830, haviam motivado fortes ressentimentos contra a potência europeia. O governo chileno favorecia a entrada dos Estados Unidos na projetada liga contra as ambições europeias, pois, no seu entender, "suas instituições naturalmente os separam da Europa". Sobre a participação do Império, o representante brasileiro em Santiago comentou, em 1838, "que a par da boa disposição que em geral se encontra aqui para com o Brasil, tenho observado uma espécie de receio a nosso respeito, quando se fala em liga americana". O Império era visto como um corpo estranho entre as repúblicas. Para contrapor-se a essa ideia, o diplomata brasileiro procurou convencer o governo chileno de que

> no Brasil o espírito de americanismo crescia a par do apego à monarquia, que pelo contrário me [lhe] parecia que os Estados Unidos se uniam mais com as potências europeias, e posto que se portassem com mais decência do que a França e Inglaterra, contudo também algumas vezes nos apoquentavam. (AHI/RJ, 231/1/1)[13]

A possível reunião de um congresso americano sem a presença do Brasil alarmava os diplomatas brasileiros nas repúblicas vizinhas. O Encarregado de Negócios brasileiro em Santiago acreditava que seria necessária uma postura ativa para forçar que o convite também se estendesse ao Império. Ele advertia que, caso a nova Assembleia se reunisse, "não [poderia] deixar de considerá-la tão perigosa aos interesses do Império, sendo este ex-

---

13 LIB em Santiago, Ofício Reservado n.3, de 4 de novembro de 1838.

cluído, quanto útil à América e ao Brasil se nela entrarmos" (AHI/RJ, 231/1/1).[14] Analisando a iniciativa mexicana de convidar os países hispano-americanos a um congresso americano, o Encarregado de Negócios do Brasil no Peru explicou que esta havia sido motivada pelo desejo de obter apoio dos países hispânicos na sua disputa de limites com os Estados Unidos, "fazendo causa comum com as outras repúblicas para exigir a observância dos tratados de limites feitos pela Espanha com as nações confinantes". Acrescentou que "este plano de fazer causa comum para tratar dos limites é uma das indicações que mais agrada aos Estados limítrofes com o Brasil, a quem todos supõem exageradas pretensões, e não podem resistir a elas parcialmente". Por isso, insistiu junto ao enviado mexicano, com sucesso, para que o Brasil também fosse convidado a participar do Congresso, pois cria que, assim, poderia evitar qualquer manobra no sentido de uma liga antibrasileira (AHI/RJ, 212/2/5).[15]

O México, todavia, retraiu-se e o Peru assumiu a liderança da iniciativa, propondo a cidade de Lima como sede da reunião. O Império, ainda que mantivesse posição cautelosa sobre o tema, não tencionava ser atropelado pelos acontecimentos e chegou, mesmo, a fazer sondagens sobre a repercussão de um eventual oferecimento do Rio de Janeiro para sede do encontro, sem, entretanto, obter maior receptividade para a sua oferta (AHI/ RJ, 231/1/1).[16]

A opinião dos diplomatas brasileiros sediados nas repúblicas vizinhas convergia para a necessidade de o Brasil se fazer representar em tal encontro, e eles prenunciavam um papel de destaque para o Império:

---

14 LIB em Santiago, Ofício Reservado n.3, de 10 de julho de 1839.
15 LIB em Lima, Ofício n.3, de 18 de janeiro de 1839.
16 LIB em Santiago, Ofício Reservado n.6, de 14 de maio de 1840.

E uma Liga americana que, sendo nós excluídos, apresentará em torno do Império uma massa unida, exaltada, e infensa não creio errar quando penso, que entrando nela o Brasil, virá a depositar nas mãos do nosso Augusto Monarca uma influência tão benéfica e extensa sobre todo este vasto e interessante Continente, como a que coube a Bolívar, no auge de sua glória, sobre uma parte dele. (ibidem)[17]

O Rio de Janeiro acabou por convencer-se da conveniência de concorrer a tal reunião. Assim, a diplomacia imperial passou à ação. Por meio de gestões de seu representante em Santiago, tratou de insinuar que "uma liga somente das repúblicas da América não podia deixar de chamar a atenção do governo de Sua Majestade Imperial, e que a primeira ideia que se apresentaria aos brasileiros era de que tal liga ocultava fins pouco favoráveis à monarquia americana". Como resultado, o Chile e o Peru reiteraram (em 1840 e 1841, respectivamente) o convite feito anteriormente pelo México para que o Brasil se fizesse representar no projetado congresso, que se realizaria em Lima (ibidem).[18]

Assim, a chancelaria brasileira logo solicitou a seu representante em Lima que a informasse acerca das "bases sobre que prestarão ao assentar suas deliberações, em acordo com que melhor possa o governo imperial dar instruções ao seu delegado". O governo imperial considerava prudente não se antecipar e designar representantes ao encontro sem que fossem decididas as bases de sua realização para não "expor-se quase ao ridículo de uma missão sem objeto" (AHI/RJ, 211/4/12 e 212/2/6/).[19] Ainda que não quisesse ver-se alijado do congresso, o Brasil,

---

17 LIB em Santiago, Ofício Reservado n.7, de 26 de julho de 1840.

18 LIB em Santiago, Ofício Reservado n.8, de 4 de novembro de 1840, e APDPR (299/3), Memória n.17, de 8 de outubro de 1844.

19 LIB em La Paz, Despacho s.n., de 4 de novembro de 1841, e LIB em Lima, Ofício n.9, de 18 de abril de 1843.

certamente, não via a sua realização com maior entusiasmo. Havia, ademais, uma clara diferença de percepção entre as autoridades da corte carioca e seus representantes nas repúblicas hispânicas sobre a necessidade de concorrer às reuniões interamericanas. Expostos diretamente à agitação e à retórica republicana, os agentes brasileiros nas capitais latino-americanas mostravam-se muito mais sensíveis a essas iniciativas,[20] até porque suas causas imediatas eram ocorrências da política local, às vezes de escassa repercussão no Rio de Janeiro. O interesse do governo imperial em participar em iniciativas que envolvessem o conjunto de seus vizinhos reduzia-se na proporção direta em que era afastada a ideia de que delas pudessem resultar iniciativas dirigidas contra o Império.

No longo percurso transcorrido desde a proposta inicial até a realização do encontro, os objetivos iniciais foram postos de lado, e renunciou-se "à ideia de dar a esse congresso o caráter de geral, e força há sido o reduzi-lo a proporções menores". Os governos venezuelano e argentino acabaram por não se fazer representar e tampouco o do México, diante "da impossibilidade ... de se ocupar de outra coisa que não seja defender a independência e integridade de seu território, seriamente comprometida em sua guerra com os Estados Unidos"(AHI/RJ, 212/2/7).[21] Esvaziado, o congresso não interessaria ao Império, que não via mais nele o perigo de um esforço coordenado contra seus interesses.

Finalmente, em 1847, o Primeiro Congresso de Lima reuniu-se, mas tendo como principal objetivo buscar a aliança ou

---

20 Um bom exemplo dessa diferença de percepção é o tratamento positivo dado ao exame dos antecedentes da reunião de Lima na Memória preparada por Duarte da Ponte Ribeiro, que passou longos anos como representante brasileiro em várias capitais latino-americanas, tornando-se sem dúvida um dos maiores especialistas em temas americanos da diplomacia imperial. É significativo o seu esforço em dar um tom positivo à proposta de congresso (AHI/RJ, APDPR Memória n.17 [299, 3]).

21 LIB em Santiago, Ofício n.25, de 23 de dezembro de 1847.

O Brasil entre a América e a Europa

ao menos a coordenação das repúblicas sul-americanas da costa do Pacífico contra a ameaça de ataque por uma frota que estava sendo preparada na Europa pelo caudilho equatoriano general Flores, o qual contava com o explícito apoio espanhol. A chegada de representantes ao congresso foi se dando de forma lenta e irregular. Este, de todo modo, foi realizado no período de 11 de dezembro de 1847 a 1° de março do ano seguinte, com representantes do Equador, do Chile, de Nova Granada, da Bolívia e do Peru. A reunião encerrou as suas sessões depois de concluir tratados de confederação; de comércio e navegação; sobre funções, prerrogativas e deveres dos cônsules; e sobre condução e garantia de correspondência. Na Europa, no entanto, o general Flores fracassou em sua tentativa de armar uma esquadra, e, desvanecida a ameaça imediata que as unia, as repúblicas do Pacífico acabaram por não ratificar os pactos de 1847-1848.

Vale notar que o Tratado de Comércio e Navegação então assinado previa a liberdade de navegação dos rios internacionais, princípio que ia de encontro aos interesses do Império na Bacia Amazônica (única região, aliás, na qual esses países poderiam ter interesse em obter tal benefício). Como no caso da eliminação do tráfico de escravos, proposta pelo Congresso do Panamá, a ausência do Império nas discussões de 1847-1848, em Lima, poupou mais uma vez a diplomacia imperial de enfrentar uma questão espinhosa no âmbito de uma negociação multilateral, situação em que ela se veria isolada.

Os Congressos de Santiago e de Washington

A percepção de ameaça externa à independência das novas repúblicas continuou, tendo cada vez mais os Estados Unidos como fonte de preocupação. Em 1845, os Estados Unidos anexaram o Texas à União. De 1846 a 1848, travaram e venceram nova guerra contra o México. Em 1855, um aventureiro norte-americano, Willian Walker, chegou ao poder na Nicarágua.

Nesse contexto, causou grande preocupação a notícia de que, em novembro de 1854, o governo do Equador havia concedido a exploração do guano – excremento de aves marinhas altamente valorizado como fertilizante – no Arquipélago de Galápagos a um cidadão norte-americano. No convênio, estipulava-se a proteção dos Estados Unidos ao Equador, aos norte-americanos que se apresentassem ao mercado do guano e também às próprias Ilhas Galápagos, seja contra outras nações seja contra indivíduos ou bandos (Bruit, 1985, p.106-7).

Tendo como pano de fundo o exemplo nicaraguense, o governo chileno protestou contra o convênio, o qual, no seu entender, não só introduzia "na situação respectiva dos Estados da América do Sul uma perturbação que pode ser de consequências perniciosas". Previa que, por meio dele, "o Equador, submetido à proteção dos Estados Unidos, terá, durante algum tempo, as aparências de um Estado independente e, em seguida, passará a figurar como uma colônia norte-americana".[22] Com vistas a contrapor-se ao que entendia como uma ameaça à independência dos Estados do continente, o Chile tomou a iniciativa de sugerir a reunião de um novo congresso americano, que acabou por reunir-se em Santiago em 1856, com representantes do Chile, do Peru e do Equador.

Firmaram, em setembro daquele ano, um "Tratado Continental de Aliança e Assistência Recíproca", que foi aberto à adesão das demais repúblicas hispano-americanas e do Império do Brasil. O convênio entre os Estados Unidos e o Equador, móvel da iniciativa chilena, acabaria por ser abandonado pela não comprovação do potencial esperado das guaneiras do Ar-

---

22 Circular do Ministério das Relações Exteriores do Chile, datada de 30 de janeiro de 1855 (apud Bruit, 1985, p.107).

quipélago de Galápagos. Do lado equatoriano, a garantia dos governos chileno e peruano de que não apoiariam uma eventual incursão do general Flores (que na época exilava-se nessas repúblicas) atraiu o governo de Quito para o pacto, uma vez que o apoio norte-americano contra aquele caudilho, buscado no convênio, desvaneceu-se com a ausência de confirmação das riquezas das Galápagos. O tratado acabou por não ser ratificado pelas suas partes contratantes e tampouco recebeu adesões de países que não participaram do encontro.

O representante do Império em Santiago recebeu o convite chileno para participar do proposto congresso sem comprometer-se com ele, pois não dispunha de instruções para tanto. O governo imperial, "considerando impolítico e inexequível o pacto americano, celebrado pelo Equador, Peru e Chile nesta capital [Santiago] e para o qual o Brasil fora extraoficialmente convidado, não aderiria por agora a ele" (AHI/RJ, 231/1/1).[23]

Também em 1856 reuniram-se em Washington (em encontro previsto para realizar-se inicialmente na América Central) representantes da Costa Rica, da Guatemala, de Nova Granada, de Honduras, do México, do Peru, de El Salvador e da Venezuela, que assinaram um pacto de defesa comum contra agressões estrangeiras, tampouco ratificado por seus signatários. Considerando que o congresso trataria apenas de assuntos relacionados com a segurança dos países centro-americanos, o governo imperial decidiu não participar do encontro, "posto que faça votos pela paz e segurança dos Estados conterrâneos, e não duvide concorrer para esse fim, quanto seja possível, com sua influência e apoio, reservando-se, porém, toda a liberdade na escolha da oportunidade e dos meios de prestar esses bons ofícios" (AHI/RJ, 231/3/10).[24]

---

23 LIB em Santiago, Ofício n.7, de 16 de novembro de 1856.
24 LIB em Santiago, Despacho s.n., de 20 de agosto de 1857.

Com o esvaziamento das preocupações sobre a possibilidade de os países vizinhos fazerem uma frente comum para tratar de suas disputas com o Império, a atitude da diplomacia brasileira com relação aos congressos interamericanos passou da preocupação inicialmente demonstrada em relação aos congressos do Panamá e de Lima a um desinteresse evidente.

O Segundo Congresso de Lima

Foram novas tensões na costa ocidental da América do Sul que levaram à convocação do Segundo Congresso de Lima, que se reuniu de novembro de 1864 até março de 1865.

A reincorporação de São Domingo e da República Dominicana à Coroa espanhola, em 1861, e as intervenções europeias no México, em 1862, que culminaram com a curta experiência de Maximiliano, reavivaram o fantasma da agressão externa aos países hispano-americanos e criaram um ambiente de imensa tensão.

Em agosto de 1862, o governo espanhol enviou ao Pacífico uma flotilha com instruções de respeitar a independência das ex-colônias e estreitar as relações de amizade e comércio com elas; mas, ao mesmo tempo, proteger a vida e os bens dos súditos espanhóis que viviam nas repúblicas sul-americanas, empregando, de preferência, a pressão moral. Recomendava-se, igualmente, ameaçar, com o emprego da força, se não fossem terminadas imediatamente as violências contra os espanhóis residentes.

Depois de fazer escalas no Rio de Janeiro, em Montevidéu e em Buenos Aires, em 5 de maio de 1863, a flotilha chegou ao porto chileno de Valparaíso. Daí partiu, em 2 de julho, para o porto de Lima (Callao), onde permaneceu dezessete dias. Seguiu para a Califórnia, para depois retornar pela mesma rota.

Em 4 de agosto de 1863, no entanto, uma revolta dos colonos espanhóis contratados para trabalhar em uma fazenda peruana (Talambo) resultou na morte de um deles e em cinco feridos. Os colonos foram, ademais, processados e presos pelo incidente. Com o retorno da flotilha ao Peru, após o seu giro pelas costas californianas, em novembro de 1863, os espanhóis residentes em Lima pediram a proteção da esquadra espanhola. Ademais, no início de 1864, o ministro residente da Espanha na Bolívia pediu para ser acolhido pelo governo peruano como comissário especial, o que foi recusado, só lhe sendo reconhecida a qualidade de "agente confidencial".

Tomando por pretexto esses dois incidentes, em 14 de abril daquele ano, a esquadra espanhola ocupou as ilhas Chincha, então grandes produtoras de guano. No mesmo dia, foi expedida uma declaração lamentando o uso da força, mas argumentando que, por não ter reconhecido a independência peruana, a Espanha podia vir a reclamar as ilhas Chincha. Em 25 de janeiro de 1865, a esquadra espanhola apresentou-se ante o porto de Callao. Após breves negociações, sob a pressão da poderosa esquadra, foi firmado um tratado que impunha uma série de condições para a desocupação das ilhas. A assinatura de tal tratado foi pessimamente recebida pela opinião pública peruana, e nem mesmo a trégua entre os dois países impediu que incidentes de rua envolvessem marinheiros espanhóis, causando a morte de um deles.

A ação da esquadra espanhola despertou o medo da reconquista. O Chile passou a negar a venda de carvão para os navios espanhóis. Em resposta, parte da flotilha espanhola apresentou-se em Valparaíso para exigir em desagravo uma salva de 21 tiros de canhão ao pavilhão espanhol, uma indenização de três milhões de reais, o envio de um representante chileno a Madri para dar satisfações à corte espanhola e o tratamento de nação-mais-favorecida para o comércio espanhol. Em 17 de setembro de 1865, um *ultimatum* foi entregue às autoridades chilenas. Não sendo atendido, a frota espanhola decretou o bloqueio dos portos chilenos. Em consequência, o Chile declarou guerra à Espanha em 25 de setembro.

Luís Cláudio Villafañe G. Santos

O Peru logo anularia o tratado assinado e formaria uma aliança com o Chile, que logo recebeu a adesão da Bolívia e do Equador, formando a "Quádrupla Aliança". Estes dois últimos, no entanto, participavam apenas nominalmente, uma vez que não possuíam navios de guerra. O balanço das forças navais continuava em favor da Espanha, pois nem mesmo atuando conjuntamente as esquadras chilena e peruana poderiam fazer frente à flotilha espanhola. No entanto, para grande surpresa dos espanhóis, em 26 de novembro de 1865, a esquadra chilena conseguiu uma importante vitória e capturou um importante navio da frota espanhola, a *Covadonga*, que, desacompanhado, vinha da costa peruana em direção a Valparaíso. Ao saber da inesperada derrota, o chefe da esquadra espanhola, almirante Pareja, suicidou-se.

A esquadra peruana também dirigiu-se para as costas chilenas e uniu-se à deste país. De modo prudente, a esquadra aliada refugiou-se nos canais do sul do Chile, lugar de difícil acesso para os navios espanhóis que aí poderiam encalhar, à espera da chegada de dois encouraçados peruanos, recém--adquiridos na Europa. A situação caminhava para um impasse quando, em 27 de março de 1866, o novo comandante da esquadra espanhola, Méndez Núñez, apresentou-se em Valparaíso e lançou um novo *ultimatum* às autoridades chilenas. Caso estas não declarassem solenemente não ter tido, desde o início, o propósito de ofender a Espanha, dando como prova uma salva recíproca de 21 tiros de canhão (a ser iniciada pelos chilenos) e a devolução da *Covadonga* e de sua tripulação, a esquadra espanhola bombardearia a cidade. O governo chileno negou-se a atender às exigências e, em 31 de março de 1866, a esquadra espanhola abriu fogo contra a cidade indefesa, causando uma grande destruição.

Em 2 de maio do mesmo ano, os espanhóis bombardearam, igualmente, o porto de Callao no Peru, encontrando, em contraste, uma forte resistência das baterias terrestres da cidade.

O Brasil entre a América e a Europa

Oito dias depois, a esquadra dividiu-se, dirigindo-se em parte para as Filipinas e o restante de volta à Espanha. O conflito estava terminado de fato. O armistício, entretanto, só foi assinado em 1871. Entrementes, a escala que parte da flotilha espanhola fez no Rio de Janeiro, em seu caminho de volta para a Espanha, tornou-se uma fonte de protestos chilenos, peruanos e, até mesmo, espanhóis contra o Brasil (Fuenzalidade Bade, 1978, p.571-89).

Como resultado da agressão espanhola ao Chile e ao Peru, foi convocado o Segundo Congresso de Lima. Em circular datada de 11 de janeiro de 1864, o governo peruano convidou as repúblicas hispânicas e o Império brasileiro para a realização de um novo congresso americano. O congresso reuniu-se de 15 de novembro de 1864 a 12 de março de 1865 e teve a presença de representantes da Argentina, da Bolívia, da Colômbia, do Chile, do Equador, da Guatemala, de El Salvador e da Venezuela, que assinaram um "Tratado de União e Aliança Defensiva entre os Estados da América" e um "Tratado sobre a Conservação da Paz entre os Estados da América", além de uma convenção sobre comércio e navegação e outra sobre questões postais.

Mais uma vez, não estava claro em princípio que países deveriam ser convidados para participar do encontro. Já em 1862, ao comentar as repercussões da intervenção francesa no México, o Encarregado de Negócios do Império em Santiago comentaria que:

> O Brasil e os Estados Unidos do Norte são tacitamente considerados não pertencentes à comunhão americana e excluídos consequentemente dela ou, quando muito, apenas tolerados ...
> E ainda assim, o Brasil sendo considerado um borrão e mancha nesta América pela sua feliz instituição da Monarquia, ou mais bem pela inveja da sua prosperidade, nome e respeitabilidade, seria em último lugar admitido na sua boa amizade e liga se, protestando seus sentimentos republicanos puros, quisesse ado-

tar, perfilar e se tornar copartícipe dos procedimentos irregulares, da vida política internacional irreflexiva e perigosa de todas elas. (AHI/RJ, 230/4/4)[25]

O mesmo diplomata observou, um ano depois, que a propaganda americana "parece agora referir-se aos países republicanos, entre eles os Estados Unidos" (AHI/RJ, 230/4/5).[26] Contudo, em 1864, o convite ao congresso foi também dirigido ao Império e excluiu os Estados Unidos.

O governo imperial hesitou em fazer-se representar. Sua reação inicial foi no sentido de participar, "desde que previamente ficasse resolvido ... quais os assuntos, que deveriam ocupar de preferência a atenção do mesmo congresso". Alegando as preocupações trazidas pelo início da guerra contra o Paraguai e "as informações ... de que faria objeto principal senão exclusivo dos trabalhos do Congresso a questão levantada entre o Peru e a Espanha" (RRNE, 1865, p.40-1), foi sendo adiada a nomeação de um representante brasileiro ao congresso, que acabaria por realizar-se sem a presença brasileira. A não participação foi coerente com o progressivo desinteresse do Império nesse tipo de iniciativa. A perspectiva de esse tipo de encontro resultar em uma aliança das repúblicas contra interesses brasileiros mostrava-se bastante reduzida em vista dos parcos resultados dos congressos anteriores. Não havia sentido em apresentar-se em uma reunião em que as políticas brasileiras poderiam ser contestadas de forma coordenada por seus vizinhos, ressaltando pontos de convergência obscurecidos pelas rivalidades entre as repúblicas. Não convinha, tampouco, tendo em vista a causa imediata da convocação do encontro, integrar-se em iniciativa que certamente teria um tom hostil ao governo espanhol.

---

25 LIB em Santiago, ofício n.10, de 25 de maio de 1862.
26 LIB em Santiago, ofício n.18, de 14 de setembro de 1863.

O governo imperial procurou manter uma atitude de neutralidade ante o conflito entre a Espanha e as repúblicas sul-americanas. Se, por um lado, protestou contra o bombardeio de Valparaíso,[27] por outro, certamente não colocaria em risco as boas relações com uma potência europeia, ainda que àquela época já de segunda linha, em favor das então pouco densas relações com o Chile, a Bolívia, o Peru e o Equador. Essa "neutralidade especulativa", nas palavras de Heredia (1998, p.173-7), não agradaria a nenhum dos lados, e as relações do Brasil com os beligerantes nos dois campos do conflito sofreriam. A neutralidade brasileira (agravada pelo não comparecimento ao Congresso de Lima) foi mal interpretada nas repúblicas vizinhas. O início da Guerra da Tríplice Aliança contra o Paraguai contribuiu ainda mais para o aumento da tensão nas relações entre o Brasil e as repúblicas do Pacífico, que viveram então seu pior momento no século XIX.[28]

A participação no Segundo Congresso de Lima não tinha atrativos para o Império. Ao contrário, permaneciam as tradicionais reticências para expor a singularidade da monarquia brasileira e, eventualmente, criar em um contexto em que os seus vizinhos poderiam fazer causa comum em suas disputas com o Brasil. Ademais, no caso concreto do encontro de 1864-1865, em vista das suas causas imediatas, a associação do Império com suas propostas certamente causaria indesejável desgaste nas relações com a Espanha.

---

27 "A sua destruição [de Valparaíso] em nada aproveitava à Espanha; não tirava recursos do inimigo nem influía direta ou indiretamente no êxito da guerra. Bombardeando aquela cidade, prejudicou a Espanha principalmente aos interesses neutrais e estabeleceu um precedente fatal, que não pode ser sancionado nem pelo silêncio das demais nações. Todas elas devem protestar, e o Brasil protesta" (AHI/RJ [564/1/5]. LIB em Madri, Despacho de 11 de maio de 1866).

28 O assunto é extensamente tratado em Santos (2002, p.87-109).

Luís Cláudio Villafañe G. Santos

O Brasil e os congressos interamericanos até 1880

Os Congressos do Panamá, os dois de Lima, bem como os de Washington e de Santiago tiveram caráter eminentemente político. Além deles, merecem registro outros dois encontros de caráter eminentemente jurídico – Lima (1877-1879) e Montevidéu (1888-1889) –, voltados para o direito internacional privado. Como vimos, deve também ser mencionada a reunião comemorativa do centenário de Bolívar, realizada em Caracas em 1883. De todo modo, os principais textos produzidos nos encontros interamericanos desse período foram:

1 Tratado de União, Liga e Confederação Perpétua (Panamá, 1826),
2 Tratado de Confederação (Lima, 1848),
3 Tratado Continental (Santiago, 1856),
4 Tratado Aliança e Confederação (Washington, 1856) e
5 Tratado de Conservação da Paz entre os Estados da América (Lima, 1865).

Da análise desses cinco textos, podem-se distinguir alguns temas recorrentes, que foram a essência das propostas interamericanas discutidas pelas repúblicas hispânicas:

I – a proposta de união ou de confederação entre os Estados americanos;

II – a necessidade de criação de um organismo permanente de coordenação entre os Estados americanos, por meio de uma assembleia de plenipotenciários que exerceria a autoridade suprema da confederação;

III – o princípio da solução pacífica das controvérsias entre os Estados americanos, mediante o recurso da arbitragem das eventuais divergências; e

IV – a defesa coletiva contra agressões externas.

100

O Brasil entre a América e a Europa

Vale notar que nenhum dos quatro princípios mencionados atraía as simpatias do Império, nem mesmo no plano retórico. A ideia de união e confederação com os vizinhos hispano-americanos seria a própria negação da autoimagem do Império. Identificado com a ideia de civilização europeia, ele via na anarquia que projetava nas repúblicas vizinhas o "outro" que confirmava sua identidade. Do mesmo modo, não tinha interesse em participar de nenhum mecanismo de coordenação dos Estados americanos. Se, de fato, fosse possível qualquer coordenação efetiva, isso poderia mesmo voltar-se contra seus interesses, em especial no que concernia aos limites, à navegação fluvial (até 1866) e à manutenção do tráfico de escravos (até 1850).

A ideia da arbitragem como modo de resolução dos conflitos, em especial como recurso obrigatório, tampouco se coadunava com os interesses objetivos do governo imperial. Este via suas teses mais fortalecidas em negociações bilaterais, sem a participação de terceiros. O recurso à arbitragem, via de regra, protege a parte mais fraca de pressões não diretamente relacionadas ao objeto em causa. O Império sentia-se forte o suficiente para ver prevalecer os seus interesses nas disputas com seus vizinhos, e o recurso à arbitragem só foi aceito, ao fim do Império, nas negociações com a Argentina, que passava então por uma fase de grande prosperidade e afirmação de seu poder. Do mesmo modo, em questões com potências europeias (como seria o caso posteriormente na definição das fronteiras com as Guianas inglesa e francesa), fazia sentido apelar para a arbitragem. Porém, certamente não estavam no mesmo caso as disputas com Venezuela, Colômbia, Peru, Bolívia, Paraguai e Uruguai.

Finalmente, nem mesmo o princípio da defesa coletiva contra agressões externas parecia interessante no caso brasileiro. Nossa ex-metrópole não se apresentava ameaçadora. Ao contrário do México e da América Central, poderíamos eventualmente até estar longe de Deus, mas, pelo menos, também estávamos longe dos Estados Unidos.[29] Contra as improváveis agressões das potências europeias, o apoio de nossos vizinhos, além de duvidoso, parecia de pouca valia.

A hipótese de apoiar-se em uma liga americana contra ameaças europeias, inclusive, colocaria a Coroa em uma posição potencialmente contraditória. Aliar-se com os vizinhos hispano-americanos, anárquicos e instáveis, contra países cuja civilização a Coroa pretendia representar, colocaria em questão a própria legitimidade do Estado brasileiro. Ainda era real a clivagem entre os princípios nacionais e republicanos e o Antigo Regime. O processo de transformação das bases de legitimação das monarquias europeias (ao qual nem todas resistiriam) ainda estava em andamento. Do mesmo modo, a partir da década de 1860, também no Brasil essa transformação é tentada, mas os esforços para transformar os Orléans e Bragança em uma monarquia nacional estavam fadados ao fracasso. Com a Guerra da Tríplice Aliança, a figura do monarca foi retrabalhada e reapresentada como a imagem do "rei guerreiro", comandante da pátria em luta contra agressão externa. Com seu envolvimento na direção do esforço de guerra brasileiro, o monarca obteve, em um primeiro momento, um ganho em popularidade que o prolongamento excessivo do conflito (atribuído em grande medida a D. Pedro) poria a perder.

A construção do sentimento nacional foi uma novidade que veio no bojo das grandes transformações trazidas pela superação do Antigo Regime na Europa e nas Américas. A modernidade traduziu-se não só em uma alteração radical das relações sociais, com a Revolução Industrial e o aprofundamento das relações capitalistas, mas também em uma completa revisão das mentalidades, com o abandono do antigo mundo construído em tor-

---

29 Em contraposição à consagrada fórmula mexicana: *"¡Pobre México! Tan lejos de Dios y tan cerca de Estados Unidos".*["Pobre México! Tão longe de Deus e tão perto dos Estados Unidos"].

no das relações dinástico-religiosas por uma nova ordem em que o nacionalismo seria a força que ordenaria e comandaria as lealdades políticas e sociais. O modo como se fazem as guerras, e a ideologia e estrutura das forças armadas foram, justamente, duas peças-chave desse movimento.

Desde fins do século XVIII e ao longo do XIX, assistiu-se a uma verdadeira revolução na atividade militar. A mudança mais importante, no entanto, não foi nas táticas ou nos armamentos utilizados (ainda que tenha havido avanços importantes nessas duas áreas também), mas na organização e na ideologia das Forças Armadas. Antes da ideia dos exércitos como a *nação em armas*, trazida principalmente pela Revolução Francesa, sentimentos de patriotismo ou de lealdade à nação não tinham lugar na organização militar. A disciplina das tropas era mantida por meio de uma brutal disciplina e os exércitos eram considerados como *hordas armadas*. Soldado e cidadão eram noções diametralmente opostas. As Forças Armadas refletiam fielmente as hierarquias do Antigo Regime, com os postos de comando preenchidos com base na condição social. Oficialidade e tropa eram dois mundos completamente distintos e intransponíveis.

As Forças Armadas modernas distinguem-se dos exércitos e das armadas do Antigo Regime em muitas dimensões. Além de um contingente significativamente maior, atingindo em tese toda a população masculina do país, o serviço militar sofreu importantes transformações em relação às funções e ao próprio *status* a ele atribuído. Gradualmente, os exércitos perderiam sua função, de caráter quase penal, de controle direto, por meio da brutal disciplina imposta às tropas, das classes perigosas pelo recrutamento compulsório. Arregimentadas em verdadeiras caçadas humanas, as tropas reuniam criminosos e homens sem ocupação definida ou *status* social que lhes permitisse fugir ao serviço das armas. Uma vez engajado nas tropas, o conscrito veria os tempos de serviço prolongarem-se por muitos anos, submetido a uma feroz disciplina em que abundavam os castigos corporais. Estender o serviço militar a toda a população exigiu uma profunda alteração de seu *status*. O *tributo de sangue* só poderia ser imposto à massa da população em um contexto ideológico em que a condição de recruta não fosse vista como um estigma social. No contexto maior da dissolução do mundo de relações sociais e ideológicas do Antigo Regime, essa transformação tomou como base os novos sentimentos nacionalistas, e o serviço das armas adquiriu uma dimensão de dever cívico.

A longa duração da guerra contra o pequeno Paraguai, com uma população muitas vezes menor, refletiu o atraso e a inadequação das instituições brasileiras. A mobilização da cidadania em defesa da nação fazia pouco sentido: os integrantes da reduzida "nação" de escravocratas eram os mais improváveis candidatos às Forças Armadas, a população livre e pobre não se reconhecia na "nação" excludente defendida pelas elites, e alistar compulsoriamente os escravos punha em questão o direito de propriedade dos senhores sobre seus escravos. Ao longo do conflito, o Império empregou contra o Paraguai cerca de 110 mil soldados e marinheiros, o que representava apenas cerca de 1,5% da população, estimada em nove milhões de habitantes (Beattie, 2001, p.38). Mas o esforço para recrutar e mobilizar mesmo esta reduzida fração da população brasileira mostrou-se um desafio quase intransponível para as práticas e estruturas militares do Império.

No início do conflito, D. Pedro II convocou a população livre para a defesa da pátria, que afinal tinha sofrido uma invasão das forças paraguaias na província de Mato Grosso e depois no Rio Grande do Sul. No entanto, poucos responderam ao chamado feito pelo *voluntário número um* da nação. A resposta decepcionante refletiu, por um lado, o pouco apelo que a defesa da nação altamente excludente e racista desenhada pelas elites tinha para a maior parte da população e, por outro, o profundo estigma de que as tropas sofriam como repositório de criminosos e de marginais de toda a espécie.

Contrariando o pressuposto de que a participação na Guarda Nacional servia como garantia para escapar ao recrutamento, premido pelas circunstâncias, o governo exigiria a participação dos membros da Guarda no esforço de guerra, prometendo no momento da convocação que esses recrutados serviriam por apenas um ano, promessa que logo seria descumprida. Como forma de criar estímulos para o alistamento, seriam criados também os batalhões de *Voluntários da Pátria* em janeiro de 1865. Estes recebiam melhores salários e bônus no alistamento e tiveram prometidos benefícios em dinheiro e na forma de concessão de terras ao fim do conflito, além de pensões para as viúvas e órfãos e para os veteranos mutilados. Esses benefícios seriam depois estendidos ao membros da Guarda Nacional alistados, mas não às tropas regulares. Ainda assim, a resposta da população foi reduzida e "o governo recrutou à força muitos, se não a maioria, dos Voluntários da Pátria e dos membros da Guarda Nacional" (ibidem, p.45). Uma grande campanha de captura de recrutas foi então empreendida nos campos e nas cidades, provocando uma grande fuga dos possíveis recrutados para as matas. Fazia-se valer o dito: "Deus é grande, mas o mato é ainda maior".

Se as necessidades derivadas do conflito mostraram a inadequação da distinção entre soldado e cidadão, a fronteira entre soldado e escravo seria, também, posta à prova. A despeito do fato de pelo menos cerca de sete mil ex-escravos terem servido no exército e na armada brasileira durante a Guerra do Paraguai,[30] em nenhum momento o governo imperial pôs em questão o direito dos senhores à propriedade de seus escravos

---

30 Não há um consenso sobre o número de escravos que participaram do conflito. Os dados oficiais sustentam uma participação de pouco mais de quatro mil homens no exército e cerca de 2.900 na armada, em contraste com autores que situam essa contribuição em vinte mil e até cem mil escravos.

em uma política de recrutamento direto de escravos. Ao contrário, a despeito da longa duração e das grandes pressões derivadas da guerra, foi mantida a política estabelecida desde a Guerra de Independência de recusar o recrutamento de escravos fugidos e devolvê-los a seus senhores. No entanto, coerentemente com a doutrina estabelecida em 1823, manteve-se a prática de buscar, por meio de compensação a seus donos, a alforria dos escravos que, não tendo tido sua condição detectada, participaram efetivamente do esforço de guerra.

O conflito contra o Paraguai contribuiu para acentuar a decomposição do Estado imperial. Os limites de uma sociedade escravista na mobilização seja de seus escravos seja de sua população livre (cuja maior parte, com razão, não se reconhece na nação excludente defendida pelas elites) ficaram muito evidentes. Passado o conflito, nada continuaria como antes. A Monarquia brasileira entrou, com algum atraso, no movimento histórico de maior alcance que transformou os Estados territoriais e dinásticos dos séculos XVII e XVIII nas nações do século XX. As monarquias que conseguiram realizar essa transição passaram a reinar em nome de uma nacionalidade que lhes seria totalmente estranha[31] antes das revoluções americana e francesa. Em vão, a Monarquia brasileira trocou a coroa

---

31 Sobre essa questão, Anderson (1989, p.94-5) faz as seguintes ponderações: "a legitimidade fundamental da maioria dessas dinastias [do início do século XIX] nada tinha a ver com a condição nacional. Os Romanovs reinavam sobre tártaros e letões, alemães e armênios, russos e finlandeses. Os Habsburgos erguiam-se sobre magiares e croatas, eslovacos e italianos, ucranianos e austro-alemães. Os hanoverianos governavam bengalis e quebequenses, bem como sobre escoceses e irlandeses, ingleses e galeses. Além disso, na Europa continental, muitas vezes membros das mesmas famílias reinavam em Estados diferentes, às vezes adversários. Que nacionalidade se poderia atribuir aos Bourbons que governavam na França e na Espanha, aos Hohenzollerns, na Prússia e na Rumânia, aos Wittelsbachs, na Bavária e na Grécia?".

O Brasil entre a América e a Europa

pela cartola e passou a tentar apresentar o monarca como um "rei cidadão", fórmula que também fracassou com Luís Felipe, na França. Mas a tentativa de apresentar-se como a "mais republicana das realezas" também trouxe, naturalmente, consequências na política externa do Império. Nada mais simbólico do esforço de reinvenção, de mudar para tentar conservar o *status quo*, do que a participação de D. Pedro nas comemorações do primeiro centenário da revolução americana em visita aos próprios Estados Unidos. Uma cabeça coroada apresentando-se como *avis rara* em um encontro de afirmação do sucesso da ideia de república.

Sob essa nova roupagem, o Império não podia mais se furtar de participar das iniciativas interamericanas e não deixaria de participar da Conferência de Washington em 1889-1890, durante a qual a própria Monarquia brasileira veio a cair.

A tentativa de transformação das bases de legitimidade do Estado brasileiro traduziu-se na mudança de orientação em relação à retórica e às iniciativas interamericanas. A liderança dessas iniciativas havia sido então assumida pelos Estados Unidos, os quais, especialmente depois da guerra contra a Espanha em 1898, romperam seu isolacionismo para projetar-se como potência mundial. Ainda que persistissem as desconfianças da diplomacia imperial contra o governo de Washington, era mais confortável para o Império ver-se associado com um movimento capitaneado pelos Estados Unidos do que pelas repúblicas hispânicas, seu "outro" irreconciliável.

FOTO 2 – Salvador de Mendonça, enviado extraordinário e ministro plenipotenciário do Brasil em missão especial em Washington. Primeira Conferência Internacional Americana, Washington, 1889-1890 (Secretariado Geral da Organização dos Estados Americanos). Foto reproduzida com a permissão do Secretariado Geral da Organização dos Estados Americanos.

3
O Brasil e a Conferência de Washington

> O Brasil não tem interesse em divorciar-se da Europa ...
> convém-lhe conservar e desenvolver as suas relações com ela,
> quando mais não seja para estabelecer um equilíbrio exigido
> pela necessidade de manter a sua forma atual de governo.
> (Instruções do governo imperial aos delegados
> brasileiros à Conferência de Washington – 1889)

Convocada pelos Estados Unidos, que passaram a liderar as iniciativas interamericanas sob a nova bandeira do pan-americanismo (termo criado na década de 1880), a Primeira Conferência Internacional Americana reuniu-se, em Washington, de 2 de outubro de 1889 a 19 de abril de 1890, e resultou na criação de um escritório de comércio para as repúblicas americanas subordinado ao Departamento de Estado norte-americano e encarregado de "distribuir informações úteis sobre o comércio, a produção e as leis aduaneiras" dos países representados:

> Tal como concebido originalmente (talvez refletindo a limitada experiência de então), o escritório de comércio para as repúblicas americanas quando fundado em 1890 foi colocado inteiramente sob a supervisão do Secretário de Estado norte--americano. Era ele quem organizava o escritório e escolhia seu diretor e corpo de funcionários. No início, também, os relatórios

anuais do diretor do escritório eram submetidos ao Congresso dos Estados Unidos. O escritório tinha mais características de uma agência do governo norte-americano do que de uma organização internacional. (Manger, 1961, p.33)

O escritório de comércio deu lugar, em 1910, à União Pan--Americana, que em 1948 foi transformada na Organização dos Estados Americanos.

A Conferência de Washington foi precedida de uma iniciativa norte-americana, datada de 1881, com o mesmo objetivo de reunir os países do hemisfério na capital estadunidense em uma reunião que se realizaria no ano seguinte, "com o propósito de considerar e discutir as maneiras de prevenir a guerra entre as nações da América" (Manger, 1961, p.27). O convite de 1881 (que também foi aceito pelo Império) acabou por ser retirado em vista da morte do presidente Garfield e da continuação da Guerra do Pacífico,[1] que opôs o Chile ao Peru e à Bolívia.

Em 7 de junho de 1884, o Congresso norte-americano aprovou uma resolução que criava uma comissão que se encarregaria de estudar os melhores meios de estreitar as relações, especialmente as comerciais, com os demais países do hemisfério. Um dos depoentes nas discussões do Congresso americano foi Willian Eleroy Curtis (um dos grandes propagandistas do pan--americanismo), que havia sido cônsul americano em Buenos Aires e depois seria apontado o primeiro diretor do escritório comercial para as repúblicas americanas. Whitaker (1954, p.81) descreveu da seguinte forma o depoimento de Curtis ao Congresso Americano, em 1886:

---

1 Em outubro de 1880, os Estados Unidos já haviam tentado impor sua mediação para pôr fim ao conflito em reunião levada a cabo a bordo do navio norte-americano Lackawana, na barra do porto de Arica. Na medida em que a situação militar em muito lhe favorecia, o Chile propôs condições extremamente duras, que levaram a negociações ao fracasso. A guerra só terminaria em 1883, com a vitória chilena, que chegou a ocupar Lima e pôde impor suas condições ao Peru e à Bolívia.

Ele pintou o quadro da penetração europeia [na América Latina] com cores ainda mais negras, ressaltando que a posição dos Estados Unidos na América do Sul havia se deteriorado fortemente nos últimos vinte anos e continuaria essa tendência a menos que o governo tomasse medidas remediadoras prontamente. "A causa desse estonteante fenômeno", ele explicou, "é a nossa negligência em criar as condições e os meios de comércio", e essa negligência é devida à nossa "ainda mais estonteante" ignorância das "condições e progresso" da América do Sul. "Chile, Uruguai, Paraguai e a República Argentina ... estão prosperando como nossos territórios do Oeste", disse ele, mas eles são "quase *terra incógnita* para nós", e, portanto, os benefícios dessa prosperidade estão indo exclusivamente para "as três nações comerciais da Europa" – Inglaterra, França e Alemanha. Mais ainda, ele advertiu, essas três nações "asseguraram o monopólio do comércio com a América hispânica ... e os ingleses têm o Brasil pelo colarinho".

Com base nas recomendações da comissão, o Congresso estadunidense aprovou, em 24 de maio de 1888, uma resolução instando o Executivo a convidar os governos dos demais países americanos para uma conferência com o objetivo de discutir e recomendar a adoção da arbitragem como instrumento obrigatório para a resolução de suas diferenças, e para acordar meios de incrementar as suas relações comerciais e comunicações diretas. Como modo de aumentar os fluxos de comércio entre os países americanos, seria sugerida a criação de uma união aduaneira entre os países do continente. Mais do que uma zona de livre-comércio nas Américas, hoje mais de um século depois recolocada na ordem do dia com a proposta da Alca, os Estados Unidos miravam-se no exemplo do *Zollverein* dos Estados germânicos que, sob a hegemonia da Prússia, resultaria na unificação alemã. Além do livre-comércio entre os Estados membros, o *Zollverein* contava com uma autoridade única para aplicar e recolher as tarifas sobre produtos importados de fora do *Zollverein*. Os Estados-membros

Luís Cláudio Villafañe G. Santos

abdicaram de suas alfândegas próprias em prol da alfândega comum e, logo, abandonariam suas identidades e soberanias próprias em nome da identidade comum alemã e da soberania do Estado alemão unificado.

Apesar de insistir na questão do arbitramento, já proposta em 1881, o convite estadunidense teve objetivos essencialmente econômicos (Bueno, 1997). Os Estados Unidos eram então uma economia ainda majoritariamente agrícola, mas já dispunham de uma produção industrial já razoável, fruto de uma política de proteção de seu dinâmico mercado interno por meio de altas tarifas. A proposta de união aduaneira serviria para criar um mercado cativo para sua indústria na América Latina, área ainda dominada pelas manufaturas inglesas.

O convite foi expedido em 13 de julho de 1888 e a conferência, que então foi denominada Primeira Conferência Internacional Americana, acabou por realizar-se com a presença de dezessete países americanos – ou seja, todos os então existentes, com exceção da República Dominicana.

Ambiguidade e resistência: o Império decide por sua participação

O Império, que veio a cair durante os trabalhos da conferência, reagiu com cautela ao convite norte-americano. Por um lado, "a mais republicana das realezas" não poderia deixar de responder positivamente à iniciativa norte-americana, especialmente após ter o imperador comparecido pessoalmente às comemorações do centenário dos Estados Unidos. Por outro, persistiam as desconfianças da diplomacia imperial a respeito de tais iniciativas. Essa atitude ambígua estava claramente refletida nas instruções preparadas pelo governo imperial a seus representantes na conferência. A chefia da delegação brasileira coube a Lafayette Rodrigues Pereira, um "ex-republicano e então monarquista" (Cervo & Bueno, 1992, p.154).[2]

Não só o Império sentia-se desconfortável com a realização do congresso. O Chile, vencedor da Guerra do Pacífico, na qual conquistou territórios da Bolívia (retirando-lhe a saída para o mar) e do Peru, encontrava-se em uma situação de crescente isolamento diplomático. A discussão da arbitragem como o meio obrigatório e, talvez, retroativo de resolução das disputas territoriais entre os países americanos, que estava na agenda da conferência, alarmava o governo chileno, pois poderia reabrir a questão de limites com a Bolívia e o Peru. Com vistas a obter apoio para a rejeição de tal princípio, o representante chileno no Rio de Janeiro, Manuel Villamil, iniciou gestões junto à chancelaria brasileira e obteve a promessa de que o Brasil não sustentaria tal princípio, mantendo-se fiel às orientações do Congresso de Paris, as quais apenas recomendavam a solução arbitral. A delegação brasileira, ademais, deveria coordenar-se com a chilena nos demais pontos em debate (Fernandez, 1959, p.113-4).

Essa coordenação com o Chile e a oposição às propostas de arbitramento não sobreviveram, no entanto, ao 15 de Novembro de 1889. Com a queda do Império, houve uma guinada também na política externa brasileira. Buscou-se fortalecer as relações com os Estados Unidos e com a Argentina e passou-se a apoiar as iniciativas interamericanas. A questão de limites com a Argentina, para a qual já estava acertada a arbitragem do presidente dos Estados Unidos, foi rediscutida e chegou-se à assinatura de um novo tratado, dividindo a área em litígio (solução que foi posteriormente recusada pelo Parlamento brasileiro). De modo imediato, o advento da República também repercutiu na orientação dada à delegação brasileira, cuja chefia

---

2 Rodrigues Pereira estava entre os signatários do Manifesto Republicano de 1870.

passou a Salvador de Mendonça, outro signatário do Manifesto Republicano. Este recebeu novas instruções, passando a apoiar o princípio da arbitragem obrigatória e buscou coordenar-se com a delegação argentina. A reversão das orientações dadas à delegação brasileira em vista da queda da Monarquia vai ao encontro do argumento aqui desenvolvido. A Monarquia identificava-se com a Europa e, nesse contexto, era a antítese da ideia americanista. Com a República, o Brasil pôde, finalmente, assumir sua identidade americana, muito de acordo com o já antecipado em 1870 no Manifesto Republicano: "somos da América e queremos ser americanos".[3]

A decisão em favor da participação no congresso e a preparação das instruções da delegação brasileira (que se levadas a cabo certamente oporiam o Brasil aos objetivos do encontro), no entanto, couberam ainda à diplomacia imperial. A ambiguidade era evidente. Por um lado, não era possível resistir à participação em um encontro patrocinado pelos Estados Unidos, que ocupavam uma posição de grande destaque no continente e eram o maior mercado para o nosso principal produto de exportação. Essa reunião contaria com a presença quase unânime dos países americanos, e a ausência brasileira seria certamente

---

3 A contradição entre a Monarquia e adesão à ideia de América, tal como esta era então concebida, não poderia ser mais clara. Diria o Manifesto Republicano: "Somos da América e queremos ser americanos. / A nossa forma de governo é, em sua essência e em sua prática, antinômica e hostil ao direito e aos interesses dos Estados americanos. / A permanência dessa forma tem de ser forçosamente, além da origem de opressão no interior, a fonte perpétua da hostilidade e das guerras com os povos que nos rodeiam. Perante a Europa passamos por ser uma democracia monárquica que não inspira simpatia nem provoca adesão. Perante a América passamos por ser uma democracia monarquizada, aonde o instinto e a força do povo não podem preponderar ante o arbítrio e a onipotência do soberano. / Em tais condições pode o Brasil considerar-se um país isolado, não só no seio da América, mas no seio do mundo".

muito mal recebida em especial no momento em que a Monarquia brasileira procurava se fazer representar em um grande número de exposições e encontros internacionais. Por outro, a diplomacia imperial mantinha sua tradicional resistência às iniciativas interamericanas. A participação brasileira na conferência seria, de acordo com as instruções do Rio de Janeiro, refratária aos objetivos da reunião e ao avanço do espírito interamericanista. O Império ver-se-ia, junto com o Chile (este por suas próprias razões), isolado.

As instruções da diplomacia imperial

As instruções da delegação brasileira, preparadas ainda pela diplomacia imperial, revelavam sua prevenção sobre as reais intenções dos Estados Unidos ao convocar a Conferência de Washington:

> O arbitramento, que se apresenta no ato do Congresso [norte--americano] logo em primeiro lugar, como se fosse o assunto mais importante, não constitui realmente o objeto principal da Conferência, como depois se verá, mas é importante, e será de muita gravidade, se o governo americano, que tende desde algum tempo a assumir uma espécie de protetorado sobre os Estados da América, tiver a pretensão de ser escolhido como árbitro perpétuo. (AHI/RJ, 273/3/5)[4]

O fato de o Secretário de Estado ser, em 1889, novamente o mesmo James G. Blaine que, em 1881, assinou o convite para o encontro que os Estados Unidos pretendiam sediar no ano seguinte reforçava a ideia de continuidade de propósitos entre as duas iniciativas. Naquele convite, Blaine afirmava que "a posição

---

4 Instruções do Império para a Conferência de Washington 1889.

dos Estados Unidos, como primeira potência do Novo Mundo, bem poderia dar a seu governo o direito de falar com autoridade para apaziguar a discórdia entre seus vizinhos com todos os quais mantém relações de amizade", afirmação que foi vista como reveladora da "verdadeira intenção do governo americano" (AHI/RJ, 273/3/5).

O convite para o frustrado congresso de 1882, no entanto, fora também aceito. Os efeitos da tentativa de transformação das bases de sustentação da Monarquia brasileira já se faziam sentir também na política externa. O imperador fazia questão de mostrar-se aberto ao mundo e não poderia deixar de se associar à iniciativa norte-americana. Já em 1880, tinham os Estados Unidos, sem sucesso, tentado impor sua mediação no conflito entre o Chile, e a aliança entre Bolívia e Peru. O objeto do congresso de 1882 seria a discussão dos "meios de evitar guerra entre as nações da América" (ibidem). Temia o governo chileno (e, em certa medida, também o brasileiro) que isso se traduzisse na adoção do princípio da arbitragem obrigatória.

A posição ambígua do governo imperial revelava-se, por um lado, ao ponderar que a "aceitação deste convite de 1881 não é precedente que obrigue o governo imperial" e, por outro, reconhecer que "depois de aderir ao voto feito pelos Plenipotenciários do Congresso de Paris de 1856 ser-lhe-ia difícil recusar esse convite" (ibidem). Na verdade, as disposições do Congresso de Paris (às quais o governo imperial aderiu posteriormente sem ter participado de suas deliberações) eram bastante brandas e previam apenas que "os Estados entre os quais se origine alguma desinteligência séria, antes de apelar para as armas, recorrerão, tanto quanto o permitirem as circunstâncias, aos bons ofícios de uma potência amiga" (ibidem).

A hesitação em participar ficou, uma vez mais, clara com a constatação de que a conferência de 1889 tinha objetivos muito mais amplos do que o projetado congresso de 1882, pois este só trataria de arbitramento, isto é, dos meios de se evitar a guerra entre os Estados americanos. O de 1889 é destinado a examinar essa matéria e algumas outras da maior importância. Não haveria portanto contradição, se o governo imperial deixasse de aceitar o convite atual, e a sua resolução deve ser mui refletida. (ibidem)

A distinção entre a monarquia e as repúblicas, transposta no imaginário das elites imperiais em uma clivagem entre a Europa (a que o Império, escravista e atrasado, queria se associar) e a América, não deixava de assombrar a diplomacia brasileira:

> A Conferência é exclusivamente americana, e o seu plano parece conduzir até certo ponto a uma limitação das relações políticas e comerciais dos Estados independentes da América com os da Europa, dando ao governo americano um começo de protetorado que poderá crescer em prejuízo dos outros Estados. É principalmente para isto que se deve atender. *O Brasil não tem interesse em divorciar-se da Europa; bem ao contrário, convém-lhe conservar e desenvolver as suas relações com ela, quando mais não seja para estabelecer um equilíbrio exigido pela necessidade de manter a sua forma atual de governo.* (ibidem – grifo do autor)

Não pode ser mais claro o argumento no sentido de que a postura ante o interamericanismo tinha origem e repercussões na questão da natureza monárquica do Estado brasileiro. Às vésperas de sua derrocada, a diplomacia imperial esgrimia como último argumento para sua política ante as iniciativas interamericanas a "necessidade de manter a sua forma atual de governo".

A proposta norte-americana para a convocação da conferência de 1889 estabelecia oito pontos a serem discutidos no encontro. As instruções dadas pelo governo imperial aos agentes brasileiros sobre cada um desses itens são reveladoras.

O primeiro tema das discussões seriam as "medidas tendentes à conservação e desenvolvimento da prosperidade dos diversos Estados americanos". A atitude livre-cambista do governo e das elites imperiais, somada ao receio de envolver-se em esquema que restringisse sua liberdade de ação, traduziu-se na orientação de abortar qualquer discussão nessa linha:

A prosperidade de um país refere-se ao seu estado interno. As manifestações externas são efeitos desse estado. Parece pois que as medidas de que trata esta primeira indicação não são da competência da projetada reunião de delegados. Mas, ainda quando, no pensamento do governo americano, só devam ser de interesse comum, está esse pensamento tão vagamente expressado, que permite tudo e nada esclarece. (ibidem)

O segundo item a ser discutido continua hoje – mais de cem anos depois – na ordem do dia das relações hemisféricas. Os Estados Unidos propunham então, pela primeira vez, a criação do que hoje os diplomatas e jornalistas chamam de uma Área de Livre Comércio das Américas (Alca). Na verdade, a proposta de 1889 era ainda mais ambiciosa, pois, segundo ela, não apenas as Américas se reuniriam em uma área de livre-comércio, como também estava implícita a equalização das tarifas alfandegárias em relação a terceiros mercados (característica das uniões aduaneiras, como a União Europeia ou o Mercosul, por exemplo). Os delegados deveriam, portanto, discutir "medidas conducentes à formação de uma União Aduaneira Americana, mediante a qual se promova, quanto for possível e proveitoso, o comércio das nações americanas entre si".

A diplomacia brasileira, naquele momento, não parecia convencida dos benefícios que tal iniciativa poderia trazer. Havia pouca complementaridade entre as economias latino-americanas. Com relação a estas, o Brasil mantinha relações comerciais de algum relevo apenas com Argentina, Uruguai, Paraguai e Chile. Pouca vantagem, portanto, via o governo imperial em participar de um arranjo comercial que fosse além desses países e, naturalmente, dos Estados Unidos, que a essa altura já tinha se tornado o principal destino de nossas exportações.[5] Persistia, também, a preferência pelas negociações bilaterais:

> O Brasil não tem relações comerciais com o Haiti, S. Domingos, Equador, as cinco repúblicas da América Central e o México; com a Venezuela e Colômbia poucas e somente pelo interior; com o Peru quase exclusivamente pelo Departamento do Loreto e rio Amazonas; com a Bolívia pelo interior.
>
> Nada justifica portanto uma União Aduaneira com esses treze Estados; e assim, dos dezessete convidados, além do Brasil, para a Conferência restam quatro que são o Chile, o Paraguai e as Repúblicas Argentina e Oriental do Uruguai.
>
> Com estes últimos Estados poderia o Brasil fazer algum ajuste aduaneiro; mas não haveria razão para que nele entrassem os Estados Unidos da América. (AHI/RJ, 273/3/5)[6]

O maior exemplo de processo de integração econômica no século XIX estava na criação do *Zollverein* entre os Estados alemães, o qual depois, sob a hegemonia da Prússia, resultou na unificação alemã. Esse exemplo não escapou à diplomacia brasileira, que entendia que "o governo imperial não pode e não deve aceitar a ideia da União Aduaneira Americana". Temia-se que, como no caso alemão, fosse proposta a criação de um órgão central que se encarregaria da cobrança de tarifas de produtos importados pelos países da união aduaneira desde terceiros mercados:

---

5 Na virada do século (1901), os Estados Unidos eram o destino de 43% de nossas exportações, constituindo, de longe, o nosso maior mercado (posição que alcançaram já nas últimas décadas do século XIX) (Almeida, 2001, p.412).

6 Instruções do Império para a Conferência de Washington 1889. Essas instruções aos delegados brasileiros parecem antecipar, em pleno século XIX, a discussão sobre a conveniência de se aprofundar a integração regional com os três parceiros do Mercosul e o Chile antes de entrar em um processo de integração em âmbito continental capitaneado pelos Estados Unidos.

Não parece provável que o governo americano leve a imitação ao ponto de propor a repartição das rendas e portanto a percepção em comum; mas há de estabelecer um centro diretor e aí lhe darão provavelmente os outros Estados da União o primeiro lugar. Assim começará o predomínio que talvez chegue por fim a diminuir a autonomia desses Estados. (ibidem)[7]

Não estava especificado na proposta estadunidense se a cobrança das tarifas impostas a terceiros países continuaria a ser realizada por cada país importador ou se, a exemplo do processo de unificação alemã, seria criada uma autoridade comum para recolher e distribuir os recursos arrecadados. De todo modo, vale lembrar que, no século XIX, a cobrança de tarifas sobre as importações constituía, na maior parte dos casos, a principal fonte de arrecadação fiscal dos Estados. A proposta teria, assim, um forte impacto na arrecadação fiscal dos governos americanos ao isentar de cobrança os fluxos comerciais, muitas vezes expressivos, entre países americanos. Caso se verificasse a hipótese do estabelecimento de um órgão central para o gerenciamento da arrecadação das tarifas incidentes sobre as importações de países não-americanos, essa instituição passaria a controlar a principal fonte de renda de muitos dos governos dos países americanos.

De modo bastante visionário, a união aduaneira almejada não se limitaria a eliminar as barreiras tarifárias entre os países americanos. Estes deveriam também discutir a adoção "de um sistema uniforme de regulamentos aduaneiros para regerem o modo de importação e exportação, os direitos e despesas de portos; de um método uniforme de determinar a classificação e a avaliação das mercadorias nos portos de cada país; de um sistema uniforme de faturas; e de quanto se refere à higiene das embarcações e à quarentena".[8]

---

7 Instruções do Império para a Conferência de Washington 1889.

8 Essa descrição engloba o que hoje, no jargão diplomático-comercial atual, se conhece por harmonização aduaneira, medidas de facilitação de negócios e, mesmo, medidas fitossanitárias (cuja relevância ficou clara para o público

O Brasil entre a América e a Europa

O pouco entusiasmo do Império ficou patente em suas instruções que apenas reconheciam ser essa tarefa parte integrante da proposta de um eventual *Zollverein* americano e, portanto, "a ela se aplicam as observações feitas sobre essa". A preferência pelo fortalecimento dos laços comerciais com os vizinhos platinos (sem a interferência norte-americana) ficou mais uma vez evidente no comentário sobre a discussão de padrões fitossanitários comuns: "Quanto à parte final [higiene e quarentena], é fácil ver que, depois da convenção sanitária firmada com as Repúblicas Argentina e Oriental do Uruguai, o Brasil não pode entrar em discussão nesta matéria. O que lhe pareceu bom está feito" (ibidem).[9]

Estava sendo proposta, ainda, a discussão de medidas que visassem ao "estabelecimento de comunicação regular e frequente dos portos dos vários Estados americanos entre si". Essa proposta mais uma vez revelaria a atitude livre-cambista predominante e também encontraria a franca resistência do governo imperial: "Os atuais meios de comunicação satisfazem as necessidades do Brasil. Não lhe convém contrair compromissos internacionais nessa matéria. Quando as relações comerciais o exigirem, não faltarão empresas particulares que se oferecerão a fazer o serviço" (ibidem).

Foi proposta também a discussão sobre "a adoção de um sistema uniforme de pesos e medidas e de leis protetoras dos direitos de patentes, de propriedade literária e de marcas de comércio dos cidadãos de um país nos outros; e para extradição de criminosos". A inclusão desses temas em um acordo multilateral de comércio, ainda no século XIX, anteciparia em muito

---

com episódios recentes relativos ao controle da disseminação internacional da doença da vaca louca e da febre aftosa).

9 Instruções do Império para a Conferência de Washington 1889.

as discussões que se desenvolveram no âmbito do GATT e da Organização Mundial de Comércio nas últimas décadas do século XX. A posição da diplomacia imperial, no entanto, foi no sentido de resistir a esse enfoque globalizante e remeter cada um dos temas aos seus foros específicos e às respectivas legislações internas.

Com relação à adoção de um sistema uniforme de pesos e medidas, as instruções brasileiras estabeleciam que "O Brasil adotou há muito tempo o sistema métrico, que é evidentemente o melhor. Nada mais tem que fazer a este respeito". Tampouco se deveriam discutir a legislação de patentes, pois tratava-se de matéria já regulada por lei interna brasileira e pela convenção para a proteção da propriedade industrial concluída entre o Brasil e várias potências europeias (ibidem).

Os delegados brasileiros igualmente se negariam a discutir a proteção aos direitos do autor, pois o governo imperial não havia nem ao menos aderido à respectiva convenção internacional. As instruções esclareciam que havia no Congresso brasileiro um projeto de lei apresentado pelo senador Visconde de Cavalcanti e que, portanto, "enquanto o Poder Legislativo se não pronunciar é prudente não contrair compromissos" (ibidem). A prevalência da legislação interna era também apontada como causa da inconveniência de se discutir a proteção às marcas industriais.

A extradição de criminosos (assunto estranho aos demais temas tratados neste item) era, por sua vez, um assunto recorrente nas discussões diplomáticas do século XIX. Também nesse caso, o governo imperial preferia não tratar do tema em âmbito multilateral. Contudo, não se negava a discuti-lo em negociações bilaterais: "os ajustes deste gênero são úteis e já temos um projeto para oferecer ao governo americano; mas para isto não há necessidade do congresso" (ibidem).

Ademais de propor uma união aduaneira, o convite para a conferência sugeria a adoção de uma moeda comum nas nego-

O Brasil entre a América e a Europa

ciações entre os países americanos.[10] Nesse sentido, foi proposta a "adoção de uma moeda de prata comum que seja emitida por cada um dos governos e que tenha curso legal em todas as transações comerciais entre os cidadãos de todos os Estados americanos". A essa proposição, a diplomacia imperial responderia com seco desinteresse: "É assunto de exclusiva competência do Ministério da Fazenda" (ibidem).[11]

O sétimo ponto da circular de Blaine resgatava a proposta de 1881 em prol do arbitramento obrigatório, ao sugerir um

acordo, que os delegados recomendem à adoção dos seus respectivos governos, de um plano definitivo de arbitramento de todas as questões, desavenças e divergências que possam, agora ou no futuro, existir entre eles a fim de que sejam resolvidas pacificamente, e se evitem guerras. (ibidem)

De fato, foi em torno desse ponto que giraram as principais discussões da Conferência de Washington, pois o continente não estava preparado, em fins do século XIX, para a ampla e complexa discussão da união aduaneira vislumbrada pelo governo norte-americano. A proposta de arbitragem obrigatória, no entanto, constituía uma possibilidade plausível, e a diplomacia imperial contava com amplas reflexões sobre ela.

Não se negava o mérito da arbitragem, considerada "uma ideia humanitária e como tal digna de ser adotada por todas as nações". Mas apontavam-se dificuldades que faziam não ser "prudente contrair a respeito dela compromisso com tantos Estados ao mesmo tempo e por ato comum". A adesão aos termos estabelecidos pelo Congresso de Paris (que recomendava

---

10 Apenas como ilustração, vale lembrar que essa proposta, nos dias de hoje, equivaleria, em alcance, à adoção do euro como referência para as moedas dos países europeus (que, depois de um período de ajuste, desapareceram para tornar o euro a moeda corrente na União Europeia).

11 Instruções do Império para a Conferência de Washington 1889.

a arbitragem, quando possível) era dada claramente como o limite a ser aceito pelos negociadores brasileiros, cujas instruções rezavam que "nisto se deve parar". Como argumento adicional a respaldar a posição brasileira, aventavam as instruções à hipótese (naquele momento muito improvável) de conflito com países europeus para alertar contra o risco de que a imposição da arbitragem conduzisse a uma redução das forças militares na região, que "não pode ser efetuada sem risco, porque o compromisso que se propõe é limitado às relações dos diferentes Estados da América entre si, e não seria aplicável às suas relações com os da Europa" (ibidem).

Mais importante do que esse argumento era a advertência no sentido de que as questões que envolvessem o Brasil acabariam por ser arbitradas pelas repúblicas hispânicas, que teriam natural prevenção contra o Brasil imperial, ou permanentemente pelos Estados Unidos (duas situações consideradas igualmente inconvenientes):

> Os habitantes civilizados da América são de origem portuguesa, espanhola e inglesa. Se o governo americano não obtiver o encargo de árbitro constante, o Brasil nas suas questões com qualquer das repúblicas de origem espanhola terá sempre de escolher uma destas ou aquele governo, sujeitando-se no primeiro caso às possíveis consequências da antipatia de raças.
>
> Não convém que o governo imperial fique privado de recorrer ao arbitramento de potências europeias. As repúblicas do Equador, Colômbia e Venezuela submeteram as suas questões de limites ao rei da Espanha. (ibidem)

A identificação com a Europa ainda se fazia presente às vésperas da queda do Império. As repúblicas hispânicas (o "outro" irreconciliável) não podiam ser admitidas como árbitro das disputas entre o Brasil e seus vizinhos. Tampouco parecia conveniente ter os Estados Unidos como mediador permanente, até pelo receio de que buscassem assumir "uma espécie de protetorado" sobre os demais países americanos.

O Brasil entre a América e a Europa

O último ponto da proposta – "tomar em consideração qualquer outros assuntos relativos à prosperidade dos diversos Estados representados na Conferência, que possam ser por eles submetidos" – foi considerado por demais vago para merecer instruções, que se resumiram à recomendação no sentido de que "esta indicação permite tudo, e se dela se abusar, longa será a duração do Congresso" (ibidem).

Se seguissem suas instruções fielmente, os delegados brasileiros posicionar-se-iam contrariamente aos objetivos propostos pela convocação estadunidense em praticamente todos os seus pontos. O isolamento brasileiro só se veria quebrado pela companhia solitária do Chile, que, vencedor da Guerra do Pacífico, não queria arriscar perder pela diplomacia o que havia conquistado pelas armas. O fim do Império reverteu essa situação e permitiu à delegação brasileira participar ativamente e de forma propositiva no encontro, depois de ter dado um "espírito republicano" a suas instruções.

O fim do Império e a reformulação das posições brasileiras

Com o fim do Império, a delegação brasileira, cuja chefia passou a Salvador de Mendonça, foi autorizada a dar um "espírito americano" às instruções recebidas. Esse "espírito americano" traduziu-se na reversão da posição brasileira em relação à questão do arbitramento obrigatório, que passou a ser apoiado, juntamente com a proposta (não prevista na convocação da conferência) de abolição da conquista territorial por meio de guerras. Salvador de Mendonça coordenou-se com a delegação argentina e não só fez aprovar a adoção do arbitramento obrigatório, proposta pelos Estados Unidos, como também conseguiu superar a resistência estadunidense à proposta da abolição da conquista. O governo americano opôs-se a essa proposta,

125

no entendimento de que "não podia amarrar as próprias mãos para uma eventualidade de guerra com a Inglaterra, em virtude da qual tivesse de tomar o Canadá" (AHI/RJ, 273/3/4).[12] Mas, graças a Salvador de Mendonça, houve afinal entendimento também sobre esse ponto.[13] Os dois projetos seriam, finalmente, aprovados com o apoio de todas as delegações, exceto a chilena, que se absteve.[14]

Como ressaltaram Cervo & Bueno (1992, p.155), ao analisar a conferência, houve uma "comunhão de pontos de vistas entre as delegações do Brasil e da Argentina". A proposta de criação da união aduaneira foi examinada em comitê presidido

---

12 I Conferência Pan-Americana, Ofício s.n., de 28 de maio de 1980.

13 O esforço de Salvador de Mendonça em acomodar os interesses americanos custou-lhe, inclusive, em suas próprias palavras, a antipatia das demais delegações: "pude ler no rosto da maioria tal ou qual suspeita de que eu começava a vincular-me mais para a delegação norte-americana do que para as demais" (AHI/RJ [273/3/4]. I Conferência Pan-Americana, Ofício s.n., de 28 de maio de 1890).

14 A reversão das posições brasileiras causou abalo nas relações com o Chile, país com o qual o Império manteria uma "aliança informal" (Santos, 2002, p.156-61). A questão foi levantada pelo próprio presidente chileno, Balmacena, em conversa com o Encarregado de Negócios brasileiro em Santiago: "Sobreveio a revolução no Brasil, disse ainda Sua Excelência [Balmacena], e pouco tempo depois o governo chileno teve notícias da viagem empreendida pelo Ministro das Relações Exteriores do governo provisório à República Argentina. Nessa ocasião, estando ele fora da capital, recebeu do Ministro argentino [em Santiago], uma carta na qual comunicava ter ordem do seu governo para transladar-se a Mendoza, afim de tomar parte nas festas preparadas para a recepção do Ministro brasileiro. Essa carta causou-lhe dolorosa impressão, pois viu no chamado do Ministro argentino acreditado nesta capital e nas ruidosas manifestações feitas ao Ministro das Relações Exteriores do Brasil, o prenúncio de uma mudança de política por parte deste com relação ao Chile, prenúncio que se converteu em quase certeza ao chegar às mãos deste governo comunicação oficial de terem os delegados brasileiros e argentinos assinado em Washington, um projeto de declaração no qual se estipula o arbitramento obrigatório, e, segundo lhe consta, extraoficialmente, com efeito retroativo, projeto que foi adotado pelo mesmo Congresso" (AHI/RJ [230/4/13]. LB em Santiago, Ofício, confidencial, n.1, de 27 de abril de 1890).

pelo brasileiro Amaral Valente e encontrou forte oposição da Argentina, cuja inserção no comércio internacional (tendo a Inglaterra como parceiro preferencial) rendia bons frutos. Também contou contra a proposta o fato de as tarifas aduaneiras constituírem a principal fonte de receita da maior parte dos Estados representados. O comitê acabaria por recusar a ideia de união aduaneira e apenas aprovou resolução em favor da adoção de acordos bilaterais e plurilaterais de comércio, que (num futuro não especificado) deveriam convergir para a pretendida união. A frustração da proposta estadunidense foi bem resumida por Whitaker (1954, p.84):

> No que tange à união aduaneira, a conferência foi uma desilusão e um completo fracasso. Na medida em que o encontro escorria para seu final, o projeto ia sendo rejeitado por uma esmagadora maioria de votos contrário, e o delegado argentino Roque Sáenz Peña jogou-lhe uma última pá de cal com um eloquente e inesquecível discurso em que ele contrapôs o universalismo ao regionalismo e disse: "O que me falta não é amor pela América, mas suspeita e ingratidão pela Europa. Não posso esquecer que na Europa estão a Espanha, nossa mãe; a Itália, nossa amiga, e a França, nossa irmã mais velha". E aludindo à frase de efeito dos adeptos da união aduaneira, "América para os americanos", ele contrapropôs "América para a humanidade".

Terminada a conferência, o novo governo republicano tentou estabelecer com os Estados Unidos uma "aliança ofensiva e defensiva para a defesa da sua independência, soberania e integridade territorial" (AHI/RJ, 273/3/5).[15] Mas não conseguiu interessar os Estados Unidos em tal acordo. Apesar de essa aliança política não ter sido conseguida, o Brasil acabaria por firmar, em 31 de janeiro de 1891, um convênio comercial com

---

15 Missão do Brasil em Washington, Despacho reservado n.11, de 2 de setembro de 1890.

Luís Cláudio Villafañe G. Santos

os Estados Unidos, talvez no entendimento de que essa pretendida aliança ficasse mais palpável com o estreitamento dos laços comerciais:

De acordo com o tratado – que tanta celeuma provocou em razão de certas circunstâncias não suficientemente esclarecidas durante a sua elaboração –, foi contemplada uma lista enorme de produtos norte-americanos com tratamento tarifário preferencial no mercado brasileiro. Parte deles isenta – como trigo em grão e farinha de trigo –, outra parte com redução de 25%. Em troca, o Brasil continuaria a colocar o café isento de direitos no mercado norte-americano e, o mais importante, os açúcares seriam também objeto de favores alfandegários com os quais esperava-se competir, em melhores condições, com o açúcar antilhano, e, assim, dar novo alento à produção açucareira nordestina. As exportações de couro também foram beneficiadas com a isenção. No momento em que os Estados Unidos estenderam a livre entrada de açúcar procedente das possessões espanholas das Antilhas, ficaram, na prática, anuladas as vantagens concedidas ao de procedência brasileira. (Cervo & Bueno, 1992, p.156)

O novo regime abandonou, portanto, a política do Império de oposição sistemática às iniciativas interamericanas. Ao perder sua peculiaridade de única monarquia americana, o Estado brasileiro (já então legitimado a partir da ideia de nação e cidadania) passou a ver de modo positivo a ideia de reforçar a identidade americana, que era o corolário do republicanismo. A participação do Brasil na conferência de 1889-1890 é emblemática dessa evolução. Premida pelas circunstâncias, a diplomacia imperial acedeu em participar do encontro, embora com uma postura absolutamente defensiva e contrária a qualquer avanço substantivo. Findo o Império, o "espírito republicano" dado às instruções da delegação brasileira permitiu uma viva participação, com uma estreita coordenação com as posições estadunidenses e argentinas. Passava-se de uma

O Brasil entre a América e a Europa

situação marcadamente isolada e contrária a qualquer avanço no plano interamericano para uma atuação de destaque, consoante com o peso que o Brasil passaria a ter nas iniciativas futuras no âmbito da União Pan-Americana e, depois, na Organização dos Estados Americanos.

FOTO 3 – Primeira Conferência Interamericana, Washington, 2 de outubro de 1889 a 19 de abril de 1890 (Secretariado Geral da Organização dos Estados Americanos). Foto reproduzida com a permissão do Secretariado Geral da Organização dos Estados Americanos.

Conclusão
Dos congressos do século XIX à Alca

Com exceção do Império brasileiro, os novos Estados americanos que surgiram dos espólios dos impérios coloniais europeus desde o início buscariam legitimar a nova situação a partir da ideia de ruptura com o universo ideológico do Antigo Regime: uma América que se distinguia da Europa por suas instituições. Em especial por seu republicanismo e, o que era uma novidade então, pela utilização política da ideia de nação como fonte de legitimidade para o Estado. A despeito de algumas tentativas de estabelecimento de outras monarquias americanas, a equação político-ideológica que passou a unir Estado e Nação mostrou-se, a partir daí, irresistível.

A construção de uma nacionalidade americana (abarcando o continente, ou pelo menos o conjunto do território e das populações que habitavam o antigo império espanhol), no entanto, não teria sucesso. A denominação "americano", inclusive, seria apropriada pelos cidadãos das antigas Treze Colônias e passou a servir de sinônimo para estadunidense. Criar uma *comunidade imaginada* de dimensões continentais era uma tarefa que não poderia ser cumprida no estágio de desenvolvimento das forças produtivas e da tecnologia da virada do século XVIII para o XIX. Ainda assim, a criação de repúblicas das dimensões das Treze Colônias e dos antigos vice-reinados foi um fato político sem precedentes. Rompeu-se um consenso há muito estabelecido de que não seria possível a criação de repúblicas maiores do que cidades-Estados. Esse raciocínio não havia sido desafiado nem por iluministas do porte de Montesquieu, que acreditava que repúblicas que não se limitassem a um pequeno território não continuariam como tal por muito tempo e logo cairiam no despotismo.

As diversas nacionalidades foram "inventadas", a partir de bases mais ou menos sólidas, dependendo do caso, para legitimar os Estados que surgiram, *grosso modo*, das antigas divisões administrativas da colônia em um longo e penoso processo. Despir-se da identidade de súdito, ainda que americano, das coroas inglesa ou espanhola punha em questão toda uma ordem estabelecida. Se as hierarquias coloniais mostravam-se incômodas para elites *criollas* americanas, rompê-las abria a possibilidade da perda de controle sobre as camadas subordinadas: escravos, indígenas e mestiços. Os acontecimentos do Haiti não passaram despercebidos, e não por acaso os dois centros coloniais mais dependentes da mão de obra escrava, Brasil e Cuba, evitaram perturbar esse equilíbrio pela continuação da monarquia no primeiro e pela manutenção do próprio domínio colonial no segundo. A terceira grande zona de produção escravista, os estados sulistas da União Americana, serviria de palco para o mais sangrento conflito da história do continente.

As nações americanas seriam, portanto, criadas em bases ideológicas que, se eram revolucionárias para seu tempo, tinham seus limites. Nacionalidade e cidadania foram, com a crise do sistema colonial, ideias potencialmente inclusivas e igualitárias, mas na prática a participação popular foi de muitos modos restringida e controlada. Ainda assim, o Brasil foi um caso extremo em que a independência regeu-se por signos de conti-

O Brasil entre a América e a Europa

nuidade. A legitimidade do novo Estado brasileiro continuou a emanar das ideias dinástico-religiosas e das hierarquias que serviam, havia muitos séculos, de base de legitimação dos reinos europeus. Estranhamente para o observador contemporâneo (do mesmo modo, aliás, que o nacionalismo poderá parecer para as gerações futuras), a legitimidade divina dos atos dos soberanos era uma força de coesão social e política ainda extremamente importante no início do século XIX. Mas, justamente, uma das grandes transformações históricas que aquele século nos legou foi na forma de legitimar os atos dos governantes. A partir daí, passou a ser hegemônica a fórmula do Estado-nação, em que o único governo legítimo é o nacional, e a cada nação deve corresponder um único Estado, que retira a legitimidade de seus atos da ideia de estar interpretando os desígnios da nação.

Naturalmente, a ideia de nação e as formas de interpretar as aspirações e os desejos da nacionalidade revelaram-se suficientemente elásticas para abarcar regimes de diversos graus de real representatividade e liberdades políticas. Contudo, a referência à nação tornou-se inclusive mais ubíqua do que à ideia de democracia e não dependente desta. O mundo dividiu-se em Estados-nação, cuja soberania seria, em tese, ilimitada sobre seus territórios e populações, e cujos governos seriam representantes das aspirações e das vontades de cada nação e não mais da vontade de seus soberanos.

A opção pela monarquia colocou o Brasil na contramão desse movimento histórico. O Império tinha imensas dificuldades em apropriar-se da ideia de nação, pois essa noção se chocava com as bases de sua própria legitimidade. Mas, de todo modo, o Estado brasileiro não podia prescindir de fórmulas que criassem uma identidade própria para o novo corpo político e servissem de base para a lealdade e apoio ao novo Estado. Esse esforço em criar uma identidade comum resultou na invenção da ideia de uma pátria brasileira que, posterior e devidamente retrabalhada,

Luís Cláudio Villafañe G. Santos

serviria de base para a construção do nacionalismo brasileiro. No Império, a identidade foi construída a partir de mitos de origem que contornavam as ideias de cidadania e abstraíam a base escravista da sociedade. Ancorava-se a identidade do país na natureza, na colonização e em uma leitura irreal do elemento indígena tornado "brasileiro". O Brasil era o amplo território comum legado pela natureza, cuja unidade foi preservada pelo colonizador. Essa unidade, além de geográfica, também teria um conteúdo antropológico preexistente, que estava sendo resgatado por uma literatura que enxergava as origens da pátria no heroísmo de míticos indígenas ancestrais. A história, por sua vez, estava sendo escrita por historiadores que "para prestar um verdadeiro serviço à sua pátria deve[m] escrever como autor[es] monárquico-constitucional[is], como unitário[s] no mais puro sentido da palavra" (Martius, 1845, p.402).[1] Nessa identidade, portanto, não cabiam os escravos, os mestiços e as populações indígenas que não habitavam as páginas da literatura indigenista e eram dizimadas e expropriadas no mundo real.

Essa identidade foi desenvolvida também a partir da construção da ideia de um "outro" externo. Se, para nossos vizinhos americanos, o "outro" era a Europa e o Antigo Regime; para o Império esse "outro" era justamente o conjunto das repúblicas

---

1 Um dos objetivos perseguidos pelo Instituto Histórico e Geográfico Brasileiro foi o de criar uma historiografia "genuinamente brasileira". Assim, uma das primeiras iniciativas do Instituto foi lançar um concurso sobre como escrever a história do Brasil. Em sua edição de janeiro 1845, a revista do IHGB publicaria uma dissertação do vencedor do concurso, Von Martius, em que era defendida a necessidade da assimilação das diferentes raças brasileiras, ainda que tratando o índio e, sobretudo, o negro em tom derrogatório. O artigo concluía com uma apaixonada defesa das instituições monárquicas, incitando os historiadores a tentar convencer os republicanos "da inexequibilidade de seus projetos utópicos, da inconveniência de discussões licenciosas dos negócios públicos, por uma imprensa desenfreada, e da necessidade de uma monarquia em um país onde há um tão grande número de escravos".

americanas. O Império construiu sua autoimagem a partir da concepção de superioridade da civilização que seu regime político representava, ao aproximá-lo das monarquias europeias. Ainda que escravista, atrasado e distante, o Império via-se como distinto e superior a seus vizinhos, os quais entendia como anárquicos e instáveis.

Antes da independência não existiam elementos que favorecessem a construção de uma única nação a partir da colônia portuguesa. A vastidão do território, os escassos meios de comunicação entre as várias regiões (social e economicamente distintas e orientadas para a exportação) eram fatores estruturais que dificultavam enormente essa tarefa. O sentido da colonização portuguesa tampouco contribuía, pois Lisboa impunha um sistema tributário e comercial que reduzia os territórios coloniais à condição de fonte de renda e matérias-primas para a metrópole e mercado cativo para sua produção e seu comércio. Não eram admitidas instituições educacionais de nível superior, e até mesmo a impressão de livros e periódicos estava proibida e tinha sua importação controlada. Esses fatores certamente não contribuíam para a formação, mesmo que embrionária, de um sentimento nacional. Ainda que circunstâncias locais propiciassem a eclosão de movimentos nativistas regionais (descoordenados no espaço e no tempo), estes nunca tiveram um alcance verdadeiramente "nacional". Pelo menos no sentido que daríamos hoje a essa palavra – ou seja, uma identidade comum à totalidade dos habitantes do território ocupado pela ex-colônia portuguesa, cuja tradução política se dá na noção de soberania e autogoverno desse território e dessa população.

A transmigração da corte portuguesa e a elevação do Brasil à condição de Reino Unido trouxeram uma nova dinâmica para esse processo ao transferir os laços verticais das diversas regiões da colônia de Lisboa para o Rio de Janeiro, criando um sentido maior de unidade que poderia tender para o desenvolvimento de um sentimento nativista de alcance nacional. No Rio de

Janeiro e, de modo subsidiário, nas diversas regiões, constituíram-se elites com interesses próprios e diferenciados dos da metrópole portuguesa. A revolta das cortes portuguesas interrompeu esse processo, e a ameaça de volta ao *status quo ante* assustou essas elites *criollas* e engajou-as na causa do príncipe regente e, depois, da própria independência. A independência, nessa visão, não foi gerada por um sentimento nacionalista, mas pelo acirramento da competição entre as elites de Lisboa e do Rio de Janeiro pela posição de liderança dentro do império português e, em especial, ante as províncias brasileiras.

A manutenção da ordem monárquica foi para essas elites uma opção que se revelou quase consensual. Mas não havia entendimento sobre a organização do novo Estado e os limites da autoridade do soberano. Travou-se uma acirrada luta entre os que defendiam uma monarquia absolutista e os que reclamavam uma forma mais representativa de monarquia, levando a um impasse que seria rompido com a dissolução da Assembleia Constituinte e a outorga da Constituição de 1824. A vitória das correntes mais autoritárias pareceu ameaçada com os sucessos que levaram à adoção do regime de Regências, quando se viveu uma breve experiência republicana de fato, sem a ruptura da rede de segurança representada pelo príncipe D. Pedro II. Mas, com a reação conservadora e o golpe da maioridade, a Monarquia brasileira seria restabelecida de forma plena e conheceria o seu apogeu.

A consolidação dos laços entre as diversas regiões e a corte carioca só seria um fato consumado após as Regências e o triunfo sobre as últimas rebeliões regionais. No plano econômico, o café começava a trazer as rendas necessárias para a implementação de políticas de alcance nacional; no plano político, a consolidação do sistema partidário, com um sistema de lealdades internas mais bem definidas, permitiu a melhor gestão dos conflitos intraelite. O sistema político pôde estabilizar-se, e consolidar uma identidade servia de fonte de legitimidade e apoio. Após um longo período de instabilidade e revoltas internas, o

Império pôde, no Segundo Reinado, finalmente acreditar na imagem que tentava criar para si: civilizado, estável e tendo à frente de seus negócios um representante de uma das principais dinastias europeias. A escravidão, a posição marginal na nova divisão internacional do trabalho que já se desenhava, o atraso social e tecnológico, tudo ficava escondido atrás da fachada de Império tropical.

A monarquia representava uma legitimidade que pairava sobre as enormes contradições sociais e regionais brasileiras, permitindo uma conciliação improvável entre grupos sociais e interesses regionais díspares e, ao mesmo tempo, afastando a tentação da utilização das ideias de cidadania e nação como fórmulas legitimadoras do Estado, noções essas perigosas por seu caráter contraditório com a exclusão da maior parte da população do corpo político, mostrada sem disfarces no instituto da escravidão.

O sentido de identidade com a monarquia foi incentivado pela invenção de tradições e rituais que davam visibilidade ao imperador, no esforço de transferir o complexo emaranhado de lealdades cruzadas característico do Antigo Regime português para o novo soberano. O Brasil foi criado Império, dando ressonância à ideia do grande Império português, espalhado pelos quatro cantos do mundo. O imperador tornou-se o centro dessa identidade, referência do novo patriotismo que propunha e o símbolo da unidade brasileira a legitimar as ações do Estado. Ainda que as referências à palavra nação não estivessem totalmente ausentes, o imperador, antes de representá-la, era uma antítese à nação, que ainda estava por ser construída. A "nação" (naquele contexto) era branca e elitizada, restrita a poucos, embora se buscasse construir um sentido de identidade e de patriotismo mais amplo, ainda que também excluindo a população escrava.

De todo modo, foi esse sentido de identidade brasileira construído no Império que serviu de base para a edificação da nacionalidade brasileira em um processo que se prolongou pelo século XX, mas cuja análise foge ao escopo deste estudo. A trajetória da construção desse sentimento de nacionalidade é longa e (tendo partido do estabelecimento de um Estado independente de Portugal, mas ainda legitimado pelo direito divino de seu soberano) precisou construir um senso de identidade qualitativamente distinto dos demais Estados americanos. Esse senso de identidade brasileira precede o nacionalismo brasileiro. No entanto, na segunda metade do século XIX, a vitória do nacionalismo como forma de legitimação dos Estados era uma realidade nas Américas e na Europa, e o Brasil também não resistiu por muito tempo à adoção dessa fórmula.

A natureza monárquica do regime político condicionou a atuação do Estado brasileiro em muitos campos e também na política externa. O Império não podia ter uma política verdadeiramente americanista sem pôr em questão a identidade que tentava criar para si como um posto avançado da civilização europeia em um continente marcado por repúblicas vistas como anárquicas e instáveis. Assim, desde cedo a diplomacia imperial desenvolveu resistência à ideia interamericana e às suas propostas concretas, mas sempre com a reserva de não ver o Brasil excluído no casos de essas iniciativas prosperarem, o que se explica pelo receio de uma aliança antibrasileira. Essa política geral foi seguida com poucas variações, a despeito da disparidade do alcance e das causas imediatas dos diversos congressos interamericanos do século XIX.

A reação brasileira ao Congresso do Panamá (1826) é emblemática dessa abordagem. O Império já vivia um conflito aberto com as Províncias Unidas do Rio da Prata. O incidente de Chiquitos certamente agravou a imagem já propagada por políticos e militares hispano-americanos do Brasil como quinta-coluna da Santa Aliança nas Américas. Não era descabida (especialmente no contexto de um continente ainda marcado pelas lutas contra a ex-metrópole) a possibilidade de que Buenos Aires se apro-

O Brasil entre a América e a Europa

veitasse do encontro para propor uma aliança entre os países hispano-americanos contra o Brasil. O Império apressou-se em responder afirmativamente ao convite e designar seu representante ao congresso, até como gesto político que sinalizasse não apoiar nenhuma tentativa de agressão europeia ao continente. Essa resposta, no entanto, foi formulada de modo a deixar clara a neutralidade do Império em relação às hostilidades entre a Espanha e suas ex-colônias. Confirmada a ausência de representantes das Províncias Unidas, o perigo da constituição de uma liga antibrasileira foi afastado, e o representante da corte carioca acabou por não se fazer presente ao encontro. A ausência brasileira poupou a diplomacia imperial de discutir a espinhosa questão do tráfico de escravos em uma reunião que acabaria por condenar unanimemente essa terrível prática. A rejeição ao multilateralismo, em especial em um foro simplesmente americano, manteve-se ao longo do Império. A diplomacia imperial favorecia, sempre que possível, discussões bilaterais e separadas com seus vizinhos para fazer avançar as suas questões americanas.

A longa gestação do Primeiro Congresso de Lima (1847--1848) deu ensejo a um longo debate e produziu extensa documentação sobre a conveniência da participação brasileira em tais iniciativas. A motivação original do encontro (a ser patrocinado pelo governo mexicano, ainda na década de 1830) foi a de buscar apoio contra o nascente expansionismo estadunidense. Foi somente em 1847, no entanto, que o Congresso de Lima se reuniu, então já sob a liderança peruana e com seus objetivos restritos ao apoio mútuo das repúblicas do Pacífico sul-americano contra um possível ataque do caudilho equatoriano Flores (com suporte europeu). O plano de uma frente comum para discutir questões territoriais com os Estados Unidos foi percebido pela diplomacia brasileira como uma ameaça ao Império, por abrir um precedente que poderia voltar-se contra o Brasil, o qual, então, ainda não tinha suas fronteiras estabelecidas em tratados. A diplomacia imperial (em especial seus agentes nas repúblicas americanas) via na participação brasileira no projetado congresso o modo de contra-arrestar essa probabilidade, e foi feito um esforço deliberado para garantir que o Império também fosse convidado para participar do encontro. Mais uma vez, o imperativo de afastar qualquer hipótese de uma liga antibrasileira criou as condições para que o Brasil, ainda que a contragosto, considerasse seriamente sua participação nesse tipo de iniciativa. A retração mexicana e a mudança de foco do congresso dissiparam os temores de uma coordenação entre as repúblicas para tratar quaisquer questões com o Império, e esvaziou-se o interesse brasileiro na assembleia. O Brasil acabou por não se fazer representar e demonstraria pouco interesse pelo Congresso de Lima quando de sua realização.

Esse desinteresse repetiu-se no caso dos congressos de Santiago e de Washington, ambos de 1856. Na avaliação da diplomacia imperial, não havia o risco de políticas antibrasileiras emanarem desses encontros, que assim não motivaram o Império a considerar sua participação nesses eventos.

O Segundo Congresso de Lima (1864-1865) foi uma reação à guerra entre a Espanha e a Quádrupla Aliança (constituída por Chile, Bolívia, Peru e Equador), decorrente da ocupação espanhola das ilhas Chincha, de soberania peruana, e que resultou no bombardeio de Callao e Santiago. Além dos membros da aliança, participariam do Congresso de 1864-1865 representantes da Argentina, da Colômbia, da Guatemala, de El Salvador e da Venezuela. Convidado ao encontro, o Império absteve-se de participar, alegando sua neutralidade no conflito contra a Espanha. O desinteresse do Império, nesse caso, reforçou-se na medida em que a assembleia representava uma possibilidade concreta de coordenação contra uma potência europeia. A diplomacia imperial entendia não ter o Brasil interesse em indispor-se com a Espanha e buscou manter estrita neutralidade.

Os congressos interamericanos realizados até a década de 1880 tiveram em comum o fato de a iniciativa de sua convocação ter partido de países hispano-americanos e deles emanaram quatro princípios recorrentes:

a) a proposta de união ou confederação entre os Estados americanos;

b) a necessidade de criação de um órgão central de coordenação entre os Estados americanos;

c) a conveniência de se impor o princípio da solução pacífica das controvérsias entre os Estados americanos, mediante o recurso à arbitragem; e

d) o princípio da defesa coletiva contra agressões externas.

Nenhum desses quatro princípios atraía as simpatias, mesmo retóricas, do Império. A união ou confederação com as repúblicas era vista como a negação da própria essência do Império, identificado com a Europa e com um ideal de civilização que fazia de seus vizinhos o "outro" irreconciliável que definia sua autoimagem. A criação de qualquer mecanismo de coordenação entre os estados americanos era igualmente vista como indesejável, pois poderia servir de foro para iniciativas conjuntas contra os interesses brasileiros. A arbitragem, especialmente se obrigatória, também era uma tese a ser afastada, pois o Império sentia-se forte o suficiente para ver prevalecer seus interesses nas disputas com seus vizinhos. Além do mais, ao limitar a escolha de árbitros aos países do continente, o Império ver-se-ia condenado a ter suas disputas com os países hispano--americanos decididas ou pelos Estados Unidos ou por outras das repúblicas hispano-americanas, situação que desagradava de sobremaneira a diplomacia imperial. Do mesmo modo, o princípio da defesa coletiva contra agressões externas tampouco era aceito pela diplomacia imperial. A hipótese de apoiar-se em uma liga americana contra eventuais (e percebidas como menos prováveis no caso brasileiro) ameaças europeias colocaria a

Coroa brasileira em uma posição contraditória. Na clivagem entre América e Europa, o Império sentia-se solidário com esta última em vista das próprias bases de sua autoimagem e legitimidade. Como posicionar-se em favor da América, anárquica e instável, se o Império se via como próspero, civilizado e, portanto, "europeu"?

O Império foi igualmente refratário às tentativas de criação de um direito internacional americano, mais amplo e mais generoso do que as tratativas de direito internacional lideradas por países europeus e de aplicação universal. Sempre que instado a tanto, o Império definiu-se contra iniciativas que visassem particularizar princípios de direito de aplicação regional. Entendia a questão como de interesse geral e, portanto, a ser tratada somente em foros que envolvessem também as potências europeias, com as quais se identificava ideologicamente e com as quais contava para afastar avanços indesejáveis na codificação do direito internacional.

As bases dinástico-religiosas da legitimidade do Estado brasileiro ainda resistiram por algum tempo, mesmo depois da consagração dos nacionalismos como a principal força política global, tendência que se mostrou irreversível após a Primavera dos Povos na Europa. As monarquias europeias que sobreviveram a esse terremoto político tiveram que se adaptar, adquirindo um caráter nacional que lhes teria sido absolutamente estranho algumas décadas antes. Essas dinastias perderam seu caráter de esteio da legitimidade de seus estados (todos já então sustentados pelo princípio da nacionalidade) e se transformaram em símbolos da suposta antiguidade e perenidade das nações que passaram a representar. As próprias dinastias europeias precisaram reinventar-se e passar a se apresentar como dinastias nacionais.

Também no Brasil essa transformação foi tentada, e buscou-se transformar os Orléans e Bragança em uma dinastia brasileira. Mas esses esforços estavam fadados ao fracasso. Tardia-

O Brasil entre a América e a Europa

mente, o Império procurou apresentar-se como a "mais republicana das realezas" e passou a dar à sua atuação internacional o sentido de demonstrar seu compromisso com a modernidade e os avanços da sua época. Essa é a razão da presença assídua do Brasil nas grandes exposições internacionais da segunda metade do século – mesmo na exposição da Filadélfia, de 1876, que comemorava o centenário da primeira república americana. Nesse contexto, o Brasil acabaria por aceitar o convite estadunidense para participar da Primeira Conferência Internacional Americana, que se reuniu em Washington em 1889-1890 e que assistiu à própria queda da Monarquia brasileira.

Sob a bandeira do pan-americanismo, a Conferência de Washington conjugou objetivos políticos e econômicos. Ademais do já tradicional tema da mediação como forma de resolução dos conflitos entre os países americanos, a iniciativa estadunidense propunha, em uma antecipação à Área de Livre Comércio das Américas (Alca), o estabelecimento de uma união aduaneira entre os países americanos. O Império reagiu com cautela ao convite. Por um lado, o imperador empenhava-se em mostrar o Brasil como um país afeito ao progresso e às novidades daquele fim de século, e a ausência do Império na reunião de Washington seria notada com estranheza, ainda mais em vista da recente presença do próprio imperador nas comemorações do Centenário da República estadunidense. Por outro, persistiam as desconfianças e a tradicional política da diplomacia imperial de resistência a tais iniciativas. O resultado seria uma atitude de reserva em relação aos objetivos da reunião, bastante aparente nas instruções preparadas pelo Império para seus representantes no evento.

A diplomacia imperial preparou instruções que colocavam o Brasil em contradição com praticamente todos os objetivos propostos para o encontro. Isolado, o Império só contaria com a companhia solitária do Chile, que tinha seus próprios motivos para temer os possíveis resultados da conferência. Com a queda do Império, a delegação brasileira foi autorizada a dar um "espírito americano" às suas instruções e inverteu suas posições nos principais pontos em discussão, passando a apoiar as delegações estadunidense e argentina, que assumiriam a liderança dos trabalhos.

Essa inversão na orientação das posições brasileiras confirma plenamente o argumento aqui desenvolvido. Liberto do sistema monárquico, que o distinguia e o singularizava, o Estado brasileiro passou a buscar, do mesmo modo que seus vizinhos americanos, sua legitimação em uma ideia ampla de nação. O Brasil finalmente integrou-se à metafórica "América" das nações e do republicanismo, que representava o rompimento com a "Europa" do Antigo Regime e das dinastias. Nesse novo contexto, o apoio do Brasil às iniciativas interamericanas passou a confirmar sua identidade agora plenamente "americana".

A Conferência de Washington de 1889-1890 foi, ademais, precursora das discussões sobre a integração comercial dos países do continente. A proposta de constituição de uma união aduaneira americana, levantada pelos Estados Unidos, seria repetida ao fim do século seguinte, com a proposta da Área de Livre Comércio das Américas, que hoje se encontra em negociação. A reação da diplomacia imperial à proposta de 1889 foi fortemente negativa. Temia-se que, se levada a cabo, a proposta daria "ao governo americano um começo de protetorado que poderá crescer em prejuízo dos outros Estados" (AHI/RJ, 273/3/5).[2]

A despeito dos mais de cem anos que separam as duas iniciativas, ouvem-se nas discussões de hoje sobre a Alca os ecos dos debates travados em 1889-1890. Na ocasião, a liderança da resistência à proposta estadunidense ficou por conta da delegação argentina. A prosperidade trazida pelas exportações de tri-

---

2 Instruções do Império para a Conferência de Washington 1889.

O Brasil entre a América e a Europa

go e carnes para a Europa, em especial para a Inglaterra, afastava o interesse dos argentinos em dar preferências comerciais aos Estados Unidos, seus concorrentes no mercado internacional desses dois produtos. O lema "A América para a humanidade", de Sáens Peña, foi o mote para a rejeição do projeto que amarraria as nações americanas aos interesses econômico-comerciais estadunidenses já naquele final de século XIX.

Mais de cem anos depois, em dezembro de 1994, os Estados Unidos novamente tomaram a iniciativa de propor um ambicioso esquema de integração econômica extensivo a todo o continente. Na Cúpula das Américas, realizada em Miami, acordou-se a negociação da Área de Livre Comércio das Américas (Alca) que reduziria a zero as tarifas aduaneiras no comércio entre os 34 países das Américas. Apenas Cuba ficaria excluída desse esquema. Ainda que não se propusesse desta feita a criação de uma união aduaneira, a Alca é, em outros sentidos, muito mais ambiciosa do que a proposta de 1889. Foram criados nove grupos de negociação: acesso a mercados; investimento; serviços; compras governamentais; solução de controvérsias; agricultura; propriedade intelectual; subsídios, *antidumping* e direitos compensatórios; e políticas de concorrência.

A integração regional contemplaria, portanto, além da simples eliminação progressiva das tarifas no comércio intrazona, temas fundamentais das políticas econômicas dos países envolvidos: investimentos, serviços, compras governamentais, propriedade intelectual, subsídios e direitos compensatórios, políticas de concorrência. Se alcançada essa Alca abrangente, a capacidade dos países signatários de planejar e executar suas políticas de desenvolvimento se veria limitada pelos compromissos assumidos. A dissolução desse ambicioso projeto partiria, no entanto, dos próprios Estados Unidos. O mandato concedido aos negociadores estadunidenses pelo Legislativo para a negociação reduziria desde o início o espectro da negociação, excluindo a possibilidade de os Estados Unidos fazerem

145

Luís Cláudio Villafañe G. Santos

concessões nas áreas de agricultura, subsídios e direitos compensatórios, temas de interesse fundamental para países como o Brasil.

Com esses temas, em termos práticos, fora da negociação, a diplomacia brasileira reagiu com a exclusão dos temas mais sensíveis para o Brasil. A Alca menos abrangente que vem se desenhando deve levar o Brasil a insistir em sua ênfase na questão do acesso ao mercado estadunidense, buscando a redução ou eliminação de tarifas e, especialmente, dos picos tarifários. Qualquer que seja o resultado final da negociação iniciada em 1994, é importante que o Brasil busque diversificar e aumentar o valor agregado e o conteúdo tecnológico de sua pauta de exportações. Na comparação de 1889-1890 com 1994-2005, o primeiro elemento que sobressai é o quanto avançou a economia brasileira. Passou-se de um quadro em que as exportações reduziam-se a poucos produtos agrícolas para uma economia industrializada, complexa e diversificada, mas ainda com fragilidades em muitas áreas. O processo de integração americana não se deteve em 1889-1890 e tampouco é previsível que se congele indefinidamente no patamar que resultar das negociações de 1994-2005. É, portanto, fundamental continuar a multiplicar os setores em que o país é competitivo.

O conteúdo político dos temas discutido no fim do século XIX e nesta virada de século, por sua vez, também sofreu alterações substanciais. O elemento político a reger as negociações em curso é a questão da democracia, que serve de base para a exclusão de Cuba da Alca. Ao contrário de quando se iniciou a Conferência de Washington, o Brasil se sente muito à vontade no plano político das discussões. A democracia é, hoje, parte integrante da identidade brasileira.

A essa altura dos acontecimentos, o desenho final da Alca ainda é incerto, mas essa discussão, felizmente, envolve amplos setores da sociedade brasileira, como poucos temas de política externa o fizeram anteriormente. Traçando um paralelo com outro episódio internacional que também despertou paixões, a negociação do Tratado de Petrópolis com a Bolívia, o Embaixador Rubens Ricupero (2003) ressaltou a importância de se "introduzir um pouco de sentido de perspectiva e relatividade históricas no debate sobre a Alca. Sobretudo para evitar transformar em guerra inexpiável de religião o que deveria manter-se dentro dos razoáveis limites de discussão objetiva, pragmática, sem perder jamais o senso de proporção e medida". Ele aduziu que o "essencial, porém, é ter presente que, se queremos não repetir os erros e exageros do passado, temos de fazer esforço para basear nosso juízo nos fatos da negociação, não em quimeras ou fantasias". Sua conclusão ajusta-se à medida do bom senso que deve presidir a avaliação desse tema:

> Só com base em critérios objetivos ... é que se poderá chegar a posição definitiva sobre a Alca. Ao atingir tal momento, oxalá possamos declarar, como fez Rio Branco a respeito do Tratado de Petrópolis: "As combinações em que nenhuma das partes interessadas perde e, mais ainda, aquelas em que todas ganham serão sempre as melhores". (Ricupero, 2003)

Fontes e bibliografia

Arquivos

1 Arquivo Histórico do Itamaraty, Rio de Janeiro.

1.1 Missões Diplomáticas Brasileiras

1.1.1 Bogotá	(Ofícios) – 1829-1889	203/2/6 e 6A	
	(Despachos) – 1826-1889	204/2/16	
1.1.2 La Paz	(Ofícios) – 1832-1889	211/1/18 e 19	
		211/2/1 a 6	
	(Despachos) – 1829-1889	211/4/12 a 14	
		211/1/1	
1.1.3 Lima	(Ofícios) – 1829-1889	212/2/4 a 15	
		212/3/1 a 7	
	(Despachos) – 1831-1889	213/2/10 a 13	
1.1.4 Quito	(Ofícios) – 1845-1889	228/1/11 a 17	
	(Despachos) – 1842-1889	228/2/12	
1.1.5 Santiago	(Ofícios) – 1836-1889	230/3/15 a 17	
		230/4/1 a 13	
	(Res. e Conf.) – 1838-1882	231/1/1 a 4	
	(Despachos) – 1842-1889	231/3/10 a 14	
1.1.6 Londres	(Ofícios) – 1822-1830	217/3/1	

1.2 Missão Especial nas Repúblicas do Pacífico e na Venezuela – códices números 271/4/15 a 17

1.3 Arquivo particular de Duarte da Ponte Ribeiro

1.4 Correspondência relativa à Primeira Conferência Internacional Americana – códices números 273/3/4 e 5

2 Relatórios da Repartição dos Negócios Estrangeiros 1831/1890.

Fontes primárias impressas

CONSELHO DE ESTADO. *Consultas da Seção de Negócios Estrangeiros.* Direção de José Francisco Rezek. Brasília: Câmara dos Deputados, 1978.

FALAS DO TRONO. Brasília: Instituto Nacional do Livro, 1977.

MISSÃO ESPECIAL DO VISCONDE DE ABRANTES, DE OUTUBRO DE 1844 a OUTUBRO DE 1846. Rio de Janeiro: Emp. Typ. – Dous de Dezembro – de P. de Brito, 1853. Tomo I.

Artigos

ALENCASTRO, L. F. O fardo dos bacharéis. *Novos Estudos CEBRAP (São Paulo)*, n.19, p.68-72, dez. 1987.

BUENO, C. Da *Pax Britannica* à hegemonia norte-americana: o integracionismo nas conferências internacionais americanas. *Estudos Históricos (Rio de Janeiro)*, v.10, n.20, p.231-50, 1997.

BURR, R. N. The Balance of Power in Nineteenth-Century South America: an Exploratory Essay. *The Hispanic American Historical Review*, Duke Press, v.XXXV, n.1, Feb. 1955.

CARVALHO, J. M. Political Elites and State Building: The Case of Nineteenth-Century Brazil. *Comparative Study of Society and History*, v.24, n.3, 1982.

CONNOR, W. A Nation is a Nation, is a State, is an Ethnic Group. *Ethnic and Racial Studies*, v.1, n.4, p.317-400, Oct. 1978.

GUIMARÃES, M. L. S. Nação e civilização nos trópicos: o Instituto Histórico e Geográfico Brasileiro e o projeto de uma história nacional. *Estudos Históricos (Rio de Janeiro)*, n.1, p.5-27, 1988.

LYRA, M. L. V. Memória de Independência: marcos e representações Simbólicas. *Revista Brasileira de História. Representações (São Paulo)*, ANPUH/Contexto, v.15, n.24, p.173-206, 1995.

MARTIUS, C. F. Von. Como se deve escrever a história do Brasil. *Jornal do Instituto Histórico e Geográfico Brasileiro (Revista Trimestral de História e Geografia)*, n.24, p.381-403, janeiro 1845.

MATTOS, I. R. Do Império à República. *Estudos Históricos (Rio de Janeiro)*, v.2, n.4, p.163-71, 1989.

PALAZZO, C. L. Imagens do Brasil nos relatos de viajantes franceses (séculos XVI a XVIII). *Estudos Ibero-Americanos (PUCRS)*, v.XXXV, n.2, p.61-90, dez. 1999.

REIS, E. P. O Estado-nacional como ideologia. *Estudos Históricos (Rio de Janeiro)*, v.1, n.2, p.187-203, 1988.

RICUPERO, R. O julgamento da história. *Folha de S.Paulo*, São Paulo, 16 nov. 2003.

SANTOS, L. C. V. G. A missão especial nas repúblicas do Pacífico. *Textos de História (Brasília)*, v.2-3, n.9, p.123-47, 1994.

_____. O Império e as repúblicas do Pacífico. *Cena Internacional (Brasília)*, v.3, n.2, p. 133-52, 2001.

SILVA, W. Pedro, de perpétuo à panaca: elites políticas regenciais em combate ao poder simbólico imperial. *Tempos Gerais: Revista de Ciências Sociais e História (São João del Rei)* Departamento de Ciências Sociais e Jurídicas, n.2, p.112-27, nov. 1999/jun. 2000.

Livros

ABECIA BALDIVESCO, V. *Las relaciones internacionales en la historia de Bolivia*. 2.ed. La Paz: Los Amigos de Livro, 1986. t.I e II.

ACCIOLLY, H. P. P. *O reconhecimento do Brasil pelos Estados Unidos da América*. São Paulo: Companhia Editora Nacional, 1936.

ALEIXO, J. C. B. *A integração latino-americana*. Brasília: Editora da UnB, 1970.

_____. *O Brasil e o Congresso Antictiônico do Panamá*. Brasília: Funag, 2000.

ALEXANDRE, V. *Os sentidos do Império*: questão nacional e questão colonial na crise do Antigo Regime português. Porto: Apontamento, 1973.

ALMEIDA, P. R. *Formação da diplomacia econômica no Brasil*: as relações econômicas internacionais no Império. São Paulo: Senac, 2001.

ANDERSON, B. *Nação e consciência nacional*. São Paulo: Ática, 1989.

ARDAO, A. *Genesis de la idea y el nombre de América Latina*. Caracas: Centro de Estudios Latinoamericanos Rómulo Gallegos, 1980.

BACZKO, B. *Les imaginaires sociaux*: mémoires et espoirs collectifs. Paris: Payot, 1984.

BAILY, S. L. (Ed.) *Nationalism in Latin America*. New York: Alfred A. Knopf, 1971.

BANDEIRA DE MELLO, A. T. *O espírito do pan-americanismo*. Rio de Janeiro: MRE, 1956.

BARMAN, R. J. *Brazil: the Forging of a Nation, 1798-1852*. Stanford: Stanford University Press, 1988.

BARROS, M. *Historia diplomática de Chile – 1541-1938*. Barcelona: Ariel, 1970.

BEATTIE, P. M. *The Tribute of Blood: Army, Honor, Race, and Nation in Brazil, 1864-1945*. Durham, London: Duke University Press, 2001.

BENDIX, R. *Construção nacional e cidadania*. São Paulo: Edusp, 1996.

BERLE, A. A. *América Latina*: mitos y realidades. Buenos Aires: Poligráfica, s. d.

BERNSTEIN, H. *Making an Inter-American Mind*. Gainnesville: University of Florida Press, 1961.

BETHEL, L. (Ed.) *Brazil Empire and Republic, 1822-1930*. Cambridge: Cambrigde University Press, 1989.

BILES, R. E. et al. *Inter-American Relations (The Latin American Perspective)*. London: Boolder, 1988.

BIRNBAUM, P. *The Idea of France*. New York: Hill and Wang, 2001.

BLOCH, M. *Os reis taumaturgos – O caráter sobrenatural do poder régio*: França e Inglaterra. São Paulo: Companhia das Letras, 1993.

BOERSNER, D. *Relaciones internacionales de América Latina*. Caracas: Editorial Nueva Sociedad, 1990.

BRADFORD BURNS, E. *Nationalism in Brazil*: a Historical Survey. New York: Frederick A. Praeger, 1968.

BREUILLY, J. *Nationalism and the State*. 2.ed. Chicago: The University of Chicago Press, 1985.

BRUIT, H. H. (Org.) *Estado e burguesia na América Latina*. São Paulo: Ícone, Editora da Unicamp, 1985.

————. A invenção da América Latina. In: ANPHLAC. *Anais Eletrônicos do V Encontro da ANPHLAC*. Vitória, 2003.

CALÓGENAS, J. P. *A política exterior do Império*. Brasília: Câmara dos Deputados, 1989. 3v.

CAMPOS, R. A. *Relações diplomáticas do Brasil de 1808 a 1902*. Rio de Janeiro: Tipografia do Jornal do Comércio, 1913.

CARVALHO, D. *História diplomática do Brasil*. São Paulo: Editora Nacional, 1959.

CARVALHO, J. M. *A construção da ordem*: a elite imperial. Brasília: Editora da UnB, 1981.

_____. *Desenvolvimiento de la ciudadanía en Brasil*. México: Fondo de Cultura Económico, 1995.

CASTORIADIS, C. *A instituição imaginária da sociedade*. Rio de Janeiro: Paz e Terra, 1986.

CASTRO, M. W. *O libertador*: a vida de Simón Bolívar. Rio de Janeiro: Rocco, 1988.

CERVO, A. L. *O Parlamento brasileiro e as relações exteriores (1826-1889)*. Brasília: Editora da UnB, 1981.

CERVO, A. L., BUENO, C. *A política externa brasileira (1822-1885)*. São Paulo: Ática, 1986.

_____. *História da política exterior do Brasil*. São Paulo: Ática, 1992.

CERVO, A. L., DÖPCKE, W. (Org.) *Relações internacionais dos países americanos*. Brasília: Linha Gráfica Editora, 1994.

CHARTIER, R. *Cultural History*: Between Practices and Representations. Ithaca, NY: Cornell University Press, 1988.

_____. *Au bord de la falaise*: l'histoire entre certitudes et inquiétude. Paris: A. Michel, 1998.

CITRON, S. O mito da nação francesa. In: SCHIMIDT, M. A., CAINELLI, M. R. *III Encontro Perspectivas do Ensino de História*. Curitiba: UFPR, Aos 4 Ventos, 1999. p.800-4.

CONNEL-SMITH, G. *The Inter-American System*. Oxford: Oxford University Press. 1966.

_____. *The United States and Latin America*: an Historical Analysis of the Inter-American Relations. New York: J. Willey, 1974.

DEUTSCH, K. W. *Nationalism and Social Communication*: an Inquiry into the Foundations of Nationality. Cambridge: MIT Press. 1953.

DEXTER, P. *Historia de la Doctrina Monroe*. Buenos Aires: Editora Universitaria de Buenos Aires, 1964.

DONGHI, T. H. *História contemporánea de América Latina*. Madrid: Alianza Editorial, 1986

ELLEY, G., GRIGOR SUNY, R. *Becaming National: a Reader*. Oxford: Oxford University Press, 1996.

ELIAS, N. *O processo civilizador*. Rio de Janeiro: Zahar, 1990-1993. v.1 e 2.

FAORO, R. *Os donos do poder*: formação do patronato político brasileiro. 7.ed. Rio de Janeiro: Globo, 1987. 2v.

FERNANDEZ, J. J. *La República de Chile y el Imperio de Brasil*: historia de sus relaciones diplomáticas. Santiago: Andrés Bello, 1959.

FLAMARION CARDOSO, C. *Modos de producción en América Latina.* 2.ed. Buenos Aires: Cuadernos de Pasado y Presente, 1974.

FLAMARION CARDOSO, C., BRIGNOLI, H. P. *História Econômica da América Latina.* 2.ed. Rio de Janeiro: Graal, 1984.

FUENZALIDA BADE, R. *La Armada de Chile. Desde la Alborada al Sesquicentenario (1813-1868).* 2.ed. Santiago: Talleres Empresa Periodística, 1978. v.III.

GARCIA, A. (compilação, com notas) *Sistema Interamericano através de Tratados, Convenciones y Otros.* Washington: OEA, 1981.

GAUCHET, M. et al (Org.) *Nación y modernidad.* Buenos Aires: Nueva Visión, 1997.

GELLNER, E. *Thought and Change.* Trowbridge: Redwood Press. 1964.

GERBI, A. *Novo Mundo:* história de uma polêmica, 1750-1900. São Paulo: Companhia das Letras, 1996.

GINZBURG, C. *Mitos, emblemas, sinais:* morfologia e história. São Paulo: Companhia das Letras, 1989.

GLINKIN, A. *El latinoamericanismo contra el panamericanismo.* Moscou: Progresso, 1984.

GOES FILHO, S. S. *Navegantes, bandeirantes, diplomatas:* um ensaio sobre a formação das fronteiras do Brasil. São Paulo: Martins Fontes, 1999.

GORENDER, J. *O escravismo colonial.* São Paulo: Ática, 1978.

GUERRA, F. X. La nación hispanica: el problema de los orígenes. In: GUACHET, M. et al. (Org.) *Nación y modernidad.* Buenos Aires: Nueva Visión, 1997. p.97-120.

HARING, C. H. *Empire in Brazil:* a New World Experiment with Monarchy. New York: The Norton Library, 1958.

HAUPT, G. et al. *Les marxistes et la question nationale 1848-1914* – Etudes et textes. Paris: Maspero, 1974.

HAYES, C. J. H. *The Historical Evolution of Modern Nationalism.* New York: Russel & Russel, 1968.

HEREDIA, E. A. Un aspecto del sistema americano en el siglo XIX – sintesis del caso pan-hispanista. In: RECKZIEGUEL, A. L. G. S. (Coord.) *Anais do II Simpósio Internacional de Relações Internacionais – Estados Americanos: Relações Continentais e Intercontinentais.* Passo Fundo: EdiPF, 1997. p.113-5.

_____. *El Imperio del Guano:* América Latina ante la guerra de España en el Pacífico. Córdoba: Alción Editora, 1998.

HOBSBAWM, E. J. *A era das revoluções (1789-1848).* 4.ed. Rio de Janeiro: Paz e Terra. 1982.

HOBSBAWM, E. J. *A era do capital (1848-1875)*. 3.ed. Rio de Janeiro: Paz e Terra, 1982.

_____. *A era dos impérios (1875-1914)*. Rio de Janeiro: Paz e Terra, 1988.

_____. *Nações e nacionalismo desde 1780*. Rio de Janeiro: Paz e Terra, 1990.

HOBSBAWM, E. J., RANGER, T. (Org.) *A invenção das tradições*. Rio de Janeiro: Paz e Terra, 1997.

HOLANDA, S. B. *História geral da civilização brasileira*. 2.ed. São Paulo: Difusão Europeia do Livro, 1965. t.II, III e IV.

INSTITUTO INTERAMERICANO DE ESTUDIOS JURIDICOS INTERNACIONALES. *El Sistema Interamericano*: Estudio sobre su Desarollo y Fortalecimiento. Madrid: Ediciones de CHJH del Instituto de Cultura Hispánica, 1966.

KAPLAN, M. *Formação do Estado nacional na América Latina*. Rio de Janeiro: Eldorado, 1974.

KANTOROWICZ, E. H. *Os dois corpos do rei*: um estudo sobre teologia política medieval. São Paulo: Companhia das Letras, 1998.

KEDOURIE, E. *Nationalism*. 4.ed. Cambrigde: Blackwell Publishers, 1994.

KOHN, H. *Historia del nacionalismo*. México: Fondo de Cultura Económico, 1984.

KOSSOK, M. *Historia de la Santa Alianza y la emancipación de América Latina*. Buenos Aires: Alizana, 1968.

LAFER, C. *Paradoxos e possibilidades*: estudos sobre a ordem mundial e sobre a política exterior do Brasil num sistema internacional em transformação. Rio de Janeiro: Nova Fronteira, 1982.

LARRAZÁBEL, F. *Correspondencia general del libertador Simón Bolívar*. Enriquecida con la inserción de los manifestos, exposiciones, proclamas, &. &. publicados por el heroe Colombiano desde 1810 hasta 1830. New York: Imprenta de Eduardo O. Jenkins, 1865. t.I.

LEITE, D. M. *O caráter nacional brasileiro*. 5.ed. História de uma ideologia. São Paulo: Ática, 1992. (6.ed. rev. São Paulo: Editora UNESP, 2002).

LENHARO, A. *A sacralização da política*. 2.ed. São Paulo: Papirus, 1986.

LIMA, M. O. *Pan-americanismo (Monroe, Bolívar, Roosevelt)*. Brasília: Senado Federal, 1980.

LIMA, N. S. *La imágen del Brasil en las Cartas de Bolívar*. Brasília: Banco do Brasil, 1978.

Luís Cláudio Villafañe G. Santos

LITRENTO, O. *Da legítima defesa pan-americana*. Rio de Janeiro: UFRJ, 1962. (Mimeogr.).

MAGNOLI, D. *O corpo da pátria*: imaginário geográfico e política externa no Brasil (1808-1912). São Paulo: Edusp, 1997.

MANCHESTER, A. K. *British Preeminence in Brazil, its Rise and Decline*: a Study in European Expansion. New York: Octagon, 1972.

MANGER, W. *Pan America in Crisis*: the Future of the OAS. Washington: Public Affairs Press, 1961.

MAQUIAVEL, N. *O príncipe*. 3.ed. Rio de Janeiro: Civilização Brasileira, 1976.

MARTZ, J. D., LARS, S. *Latin America, the United States and the Inter--American System*. Boulder: Westview Press, 1980.

MATTOS, I. R. *O tempo Saquarema*. São Paulo: Hucitec, 1987.

_____. Um "país novo": a formação da identidade brasileira e a visão da Argentina. In: *Argentina-Brasil y la formación de la identidad nacional*. Buenos Aires: Funceb, Funag, Ceunm, 1997.

MELLO, A. V. *Bolívar, o Brasil e os nossos vizinhos do Prata (da questão de Chiquitos à Guerra da Cisplatina)*. Rio de Janeiro: Gráfica Olímpica Ed., 1963.

MELLO, E. C. *A ferida de Narciso*: ensaio de história regional. São Paulo: Senac, 2001.

MILLINGTON, T. *Colombia's Military and Brazil's Monarchy*: Undermining the Republican Foudations of South American Independence. Westport: Greenwood Press, 1996.

MOLINEU, H. *U.S. Policy Towards Latin America*: from Regionalism to Globalism. Boulder: Westview Press, 1986.

MONIZ BANDEIRA, L. A. *Presença dos Estados Unidos no Brasil (dois séculos de história)*. Rio de Janeiro: Civilização Brasileira, 1973.

_____. *O expansionismo brasileiro*. O papel do Brasil na Bacia do Prata – da colonização ao Império. Rio de Janeiro: Philobiblion, 1985.

MORGAN, E. S. *Inventing the People*: The Rise of Popular Sovereignty in England and America. New York, London: W. W. Norton, 1988.

MOTA, C. G. (Org.) *1822: dimensões*. São Paulo: Perspectiva, 1972. (Coleção Debates).

_____. (Org.) *O Brasil em perspectiva*. 13.ed. São Paulo: Difel, 1982.

_____. (Org.) *Viagem incompleta: a experiência brasileira (1500-2000)* — Formação: histórias. São Paulo: Senac, 2000.

NABUCO, J. *Um estadista do Império: Nabuco de Araújo*. São Paulo: Progresso. s. d.

NOVAIS, F. A. *Portugal e Brasil na crise do antigo sistema colonial*. São Paulo: Hucitec, 1979.

O'GORMAN, E. *A invenção da América*: reflexão a respeito da estrutura histórica do Novo Mundo e do seu devir. São Paulo: Editora UNESP, 1992.

ORLANDI, E. P. *Discurso e leitura*. São Paulo: Cortez, 1988.

_____. *Terra à vista*. São Paulo, Campinas: Cortez, Editora da Unicamp, 1990.

_____. (Org.) *Discurso fundador*: a formação do país e a construção da identidade nacional. Campinas: Pontes, 1993.

ORLANDO, A. *Pan-americanismo*. Rio de Janeiro: Jornal do Commércio, 1906.

OVALLES, L. *Francisco Antonio Zea y su proyecto de integración ibero-americana*. Caracas: Biblioteca de la Academia Nacional de Historia, 1994.

OVANDO, J. A. *La invasión brasileña a Bolivia en 1825 (una de las causas del Congresso de Panamá)*. La Paz: Isla, 1977.

PARPARCEN, R. L. *Ensayos históricos y temas panamericanos*. Caracas: American, 1957.

PELLEGRINO, C. R. M. *Gênese do sistema interamericano*: a organização dos Estados americanos. Brasília: Editora da UnB, 1988.

PORTILLO, J. *Venezuela/Brasil – relaciones diplomáticas*. Caracas: Editorial Arte, 1983.

PRADO, E. *A ilusão americana*. São Paulo: Brasiliense, 1961.

PRADO, M. L. C. *América Latina no século XIX*: tramas, telas e textos. São Paulo: Edusp, 1999.

_____. *O Brasil e a distante América do Sul*. 2001. (Mimeogr. – versão preliminar).

QUESADA, V. *Historia diplomática latino americana*. Buenos Aires: Cultura Argentina, 1920. 4v.

RAMOS, G. *O problema nacional do Brasil*. Rio de Janeiro: Sage, 1960.

RANIS, G. *Las relaciones internacionales de la América Latina*. México: Fondo de Cultura Económico, 1981.

REIS, J. *As identidades do Brasil*: de Varnhagen a FHC. Rio de Janeiro: Fundação Getúlio Vargas, 1999.

RIBEIRO, D. *O povo brasileiro: a formação e o sentido do Brasil*. São Paulo: Companhia das Letras, 1996.

RIBEIRO, M. E. *Os símbolos do poder, cerimônias e imagens do Estado monárquico no Brasil*. Brasília: Editora da UnB, 1995.

ROBLEDO, A. G. *Idea y experiencia de América*. México, Buenos Aires: Fondo de Cultura Económico, 1958.

RODRIGUES, J. H., SEITENFUS, R. A. S. *Uma história diplomática do Brasil (1531-1945)*. Rio de Janeiro: Civilização Brasileira, 1995.

RUSSELL-WOOD, A. J. R. (Ed.) *From Colony to Nation, Essays on the Independence of Brazil*. Baltimore: Johns Hopkins University Press, 1975.

SAES, D. *A formação do Estado burguês no Brasil, 1888-1891*. 2.ed. Rio de Janeiro: Paz e Terra, 1985.

SAID, E. *Reflections on Exile and Other Essays*. Cambridge: Harvard University Press, 2000.

SANTOS, L. C. V. G. O Império brasileiro entre a América e a Europa. In: BIANCATO, S. M. L. et al. (Org.) *III Simpósio Internacional*: Estados Americanos – Relações Continentais e Intercontinentais – 500 Anos de História. Porto Alegre: EDIPUCRS, 2000. p.63-73.

————. *O Império e as repúblicas do Pacífico*: as relações do Brasil com Chile, Bolívia, Equador e Colômbia – 1822/1889. Curitiba: Editora da UFPR, 2002.

————. Identities in the Empire of Brazil. In: GALOPPE, R., WEINER, R. (Ed.) *A Fine Line*: Explorations in Subjectivity, Borders, and Demarcation. Pittsburgh: University of Pittsburgh Press, no prelo.

SCHWARCZ, L. M. *As barbas do imperador*: D. Pedro II, um monarca dos trópicos. São Paulo: Companhia das Letras, 1998.

SCHWARZ, R. *Ao vencedor as batatas*. São Paulo: Duas Cidades, 1988.

SECKINGER, R. *The Brazilian Monarchy and the South American Republics 1822-1831*: Diplomacy and State Building. Lousiana: Lousiana State University Press, 1984.

SEPULVEDA, C. *El sistema inter-americano*: genesis, integración, decadencia. 2.ed. México: Porrua, 1974.

SETON-WATSON, H. *Nations and States*: an Enquiry into the Origins of Nations and the Politics of Nationalism. Boulder: Westview Press, 1977.

SILVA, D. A. *José Martí e Domingo Sarmiento*: duas ideias de construção da Hispano-América. Brasília, 1997. Tese (Doutorado) – Universidade de Brasília.

SMITH, A. D. *Nationalism*. Oxford: Polity Press, 2001.

SODRÉ, N. W. *Raízes históricas do nacionalismo no Brasil*. Rio de Janeiro: Iseb, 1959.

SODRÉ, N. W. *As razões da Independência*. Rio de Janeiro: Civilização Brasileira, 1965.

————. *Formação histórica do Brasil*. São Paulo: Brasiliense, 1973.

SOUZA, J. A. S. *Um diplomata do Império*: Barão da Ponte Ribeiro. São Paulo: Companhia Editora Nacional, 1952.

SOUZA, O. *Fantasia de Brasil*: as identificações na busca da identidade nacional. São Paulo: Escuta, 1994.

SUSSEKIND, F. *O Brasil não é longe daqui*: o narrador, a viagem. São Paulo: Companhia das Letras, 1990.

TENGARRINHA, J. (Org.) *História de Portugal*. Bauru, São Paulo. Lisboa: Edusc, Editora UNESP, Instituto Camões, 2000.

TODOROV, T. *The Conquest of America*: the Question of the Other. New York: Harper & Row, 1984.

URICOCHEA, F. *O minotauro imperial*: a burocratização do Estado patrimonial brasileiro no século XIX. Rio de Janeiro: Difel, 1978.

VITA, L. W. *Antologia do pensamento social e político no Brasil*. São Paulo: União Pan-Americana, Editorial Grijalbo, 1968.

VIVIAN, J. F. *The South American Comission to the Three Americas Movement*: the Politics of Pan-Americanism, 1884-1890. Washington: The American University, 1971.

WHITAKER, A. P. *The Western Hemisphere Idea*: Its Rise and Decline. New York: Cornell University Press, 1954.

YEPES, J. M. *Le panamericanisme (du point de vue historique, juridique et politique)*. Paris: Les Editions Internationales, 1936.

_____. *Del Congreso de Panama a la Conferencia de Caracas*. Gobierno de Venezuela: Caracas, 1976.

ZEA, L. *Simón Bolívar, integración en la libertad*. Caracas: Monte Avila Latinoamericana, 1989.

SOBRE O LIVRO

Formato: 14 x 21 cm
Mancha: 9,8 x 16,8 cm
Tipologia: Iowan Old Style 10/14
Papel: Offset 75 g/m² (miolo)
Cartão Supremo 250 g/m² (capa)
1ª edição: 2004

EQUIPE DE REALIZAÇÃO

Coordenação Geral
Sidnei Simonelli

Produção Gráfica
Anderson Nobara

Edição de Texto
Nelson Luís Barbosa (Assistente Editorial)
Carlos Villarruel (Preparação de Original)
Ana Luiza Couto (Revisão)
Oitava Rima Prod. Editorial (Atualização Ortográfica)

Editoração Eletrônica
Santana

Impressão e acabamento